孟斜阳 著
邢万军 主编

红袖翩跹，只为你泪尽而舞

北方文艺出版社

图书在版编目（CIP）数据

柳永：红袖翩跹，只为你泪尽而舞 / 孟斜阳著. --
哈尔滨：北方文艺出版社，2019.3
（走近诗词品人生 / 邢万军主编）
ISBN 978-7-5317-4420-7

Ⅰ.①柳… Ⅱ.①孟… Ⅲ.①柳永（约987-1053）-
人物研究②柳永（约987-1053）-宋词-诗词研究 Ⅳ.
①K825.6②I207.23

中国版本图书馆CIP数据核字（2018）第257078号

柳永：红袖翩跹，只为你泪尽而舞
Liuyong Hongxiu Pianxian Zhiweini Leijin erwu

作　者 / 孟斜阳	主　编 / 邢万军
责任编辑 / 路　嵩　张贺然	封面设计 / 琥珀视觉

出版发行 / 北方文艺出版社　　　　　邮　编 / 150080
发行电话 /（0451）85951921 85951915　经　销 / 新华书店
地　址 / 哈尔滨市南岗区林兴街3号　　网　址 / www.bfwy.com
印　刷 / 廊坊市海涛印刷有限公司　　　开　本 / 710mm×1000mm　1/16
字　数 / 187千　　　　　　　　　　　印　张 / 13.75
版　次 / 2019年3月第1版　　　　　　印　次 / 2019年3月第1次印刷
书　号 / ISBN 978-7-5317-4420-7　　 定　价 / 36.00元

序

柳三变，柳永，柳耆卿，柳七。

吟着这几个名字如吟着一首词，眼前隐隐有杨柳疏影在风中轻摇曼舞，有一袭白衣的男子在月光下低徊长吟。他就是那个躺在杨柳岸边望月饮酒的柳三变吗？

读柳永的词，眼前总会晃动着那江南迷离朦胧的烟雨，婀娜多姿的杨柳，风情万种的美丽少女，风流倜傥的江南才子。耳畔会飘来那大宋王朝京城里梦幻般的哀婉弦歌，还有那些轻俏婉转的莺声燕语。

这位书香门第走出来的白面书生，满腹锦绣才气却屡屡落第，仕途坎坷、生活潦倒。于是，他决然掉头走向了歌楼舞馆，耽溺于衣香鬓影、醇酒妇人，流连于"倚红偎翠"、"浅斟低唱"，自称"白衣卿相"。一袭白衣的柳七公子曾在清风明月里，伴着丝竹管弦，吟出最美的词章，惊艳了那一城芬芳的杨柳和月光。

他最后成为汴京城里一个最有名的浪子，成为大宋都城中最引人注目的年轻才子，也成为大宋朝最红、最流行的词人。他的词作在大宋王朝的城乡流传甚广，时称"凡有井水饮处，即能歌柳词"。就连当时大名鼎鼎的苏东坡也常常爱和他的词一比高下。

这位"奉旨填词"的专业词人，浪迹江湖的游子，自命不凡的"白衣卿相"，出没秦楼楚馆的浪子，以手中的一支春风词笔，写尽了大宋王朝的风流繁华与颓靡忧伤，最终让自己的一生时光活得如同那一季缤纷的夏花。踏一场草色烟光，与时光细语。白是平淡简净的颜色，它代表最初的质朴无华，却也是洗尽凡尘极致的体现。白衣不仅是一种行走世间的姿态，更是深刻红尘里无形的修炼。

他的如椽词笔，既写遍了大宋都市的软红十丈、纸醉金迷，也写透了落魄书生羁旅天涯的寂寞惆怅与命运感伤。但他笔下更多的是那些大宋歌女们的缕缕幽怨、款款情思。在他人生最美好的年华里，遇见了很多正当最美年华的女子。正是她们的柔情体贴慰藉了一颗受伤的心。

每每写到这些女性时，他的笔触是优美的、温柔的，是体贴的、呵护的，是懂得的、慈悲的，也是平等的、人性的。无论对萧萧暮雨，还是看杨花飞絮，细心的柳郎都极尽缠绵之思。他会牵挂着她们，是否正在极目凝望暮色中的天际归舟，或是抬头细辨穿帘而过的梁上双燕。当读到一句"彩线慵拈伴伊坐"时，让人不禁会心一笑。想象那女子一定穿着红红小棉袄，在早春暖暖的日光下，陪着自己的爱人相依而坐，笑靥如花。这"芳心是事可可"的女子小指头懒懒挑起彩色丝线之时，悠长的日子便在柳郎的眼中显出一种别样的甜美和安祥。其情其景，真有如水之柔，如烟之净，如朝雾之轻盈迷蒙而不可以方物。

尤其是对那些青春女性的不幸夭亡，他都要用手中词笔致以深切的关怀和祭奠。那些世人视同草芥的卑微生命，被他轻轻放到掌心呵护，赋予鲜亮的色彩和深挚的同情。

是的，他仿佛在极力呵护那些他认为值得珍惜的一切。从此，他的文字便有了一种穿越千年的魅力，来拯救世间无数痴情女子关于生命和爱情的梦想。

爱之于他，如杜拉斯《怦然心动》中所说："爱之于我，不是肌肤之亲，不是一蔬一饭，它是一种不死的欲望，是颓败生活中的英雄梦想。"

而他之于所爱者，则如王小波在《爱你就像爱生命》里所说："我的灵魂里有很多地方玩世不恭，对人傲慢无礼，但是它有一个核心，这个核心害怕黑暗，柔弱得像绵羊一样。只有平等的爱才能使他得到安慰。你对我是属于这个核心的。"

是的，不是居高临下的俯就，不是一方对另一方的恩赐，不是小心翼翼地迎合与迁就，更不是甘心为情奴般地仰望与攀附。只有平等地执手相对，只有带着某种不假修饰的真诚和质朴，只有彼此以最真实的状态呈现在对方面前，才是最美的爱情。

这样有温度、有质感的文字，相信自有其沉甸甸的分量。据说后世曾经有一位年轻女子嗜读柳词，整日吟咏不已，全身心沉浸在那些美好的文字里。她对这位行走于大宋年间的白衣卿相十分倾慕。可谓是"虽不能至，心向往之"，恨不能与柳七生于同时，携手共游于当世。无限怅惘间，她不由得心生伤感失落。环视周遭男子尽为浊物，竟没有一个能抵得上她心中的知己柳郎，于是顿感全无生趣，竟自尽而死。也许在摆渡的彼岸，她会以白衣为裳，佩兰为桨，驾一叶扁舟途经一朵又一朵盛开的彼岸花，与柳七相会。

有道是"君生我未生，我生君已去"。痛感生无知己之哀，不甘溺于寂寞之世，竟让一个女子甘心对那位异于时空的才子词人以生命相追随。

女作家陈丹燕说过："我相信女人的一生，也要靠某种梦想的鼓励生活下去，这种梦想有时伤害她，有时将她的生活弄到不可收拾的地步，却仍旧是她内心的支柱。成长的过程本身就不是完美的，它包括在表达和体会纯真感情时最初的造作。要慢慢等你所经历的生活，来帮你洗去它的铅华。

你遇到的那个人，像一根火柴一样，划亮了你的生命。他让你明白自己的心还可以这样激烈地再跳动一次，你心里还有许多没有被照亮过的柔情，你的生命还可以再次盛开。这个人，你自己，在爱情中，那种孤注一掷，那种火一样的忙乱和失控，还有内心的灼痛，爱情从来就不只是甜美的感情，灼痛必不可少。"

柳永词常常会给无数青春女子以这样的爱情梦想，给她们生命的热度和激情，甚至在某种程度上给了她们以很人性化的理解与尊重。所以，爱上这个人，其实不难。只需要一支婉约曼妙的曲子或一支春风词笔，就足以深深打动美人心。那些文字背后，其实有着深切的生命热量和情感呼应，有着一种甜蜜的灼痛与忧伤。

有人说，宋词是上天赠给多情女子最动听的情话。柳永的词尤其如此。在那个时代，大宋的美貌歌女们纷纷为这位才子词人所倾倒："不愿君王召，愿得柳七叫；不愿千黄金，愿得柳七心；不愿神仙见，愿识柳七面。"

而这些滚烫的话语背后，其实饱含着一份对这位旷世知己的深深感激与倾慕。她们不是草木，不是石头，对人间给予她们哪怕些微的关怀与珍爱，对这个世界给予她们哪怕最微弱的光亮和温暖，她们都能敏感地呼吸到和察觉到，并给予最勇敢、最大胆的呼应和激赏。她们以自己最痛切的生命体验感悟到"易求无价宝，难得有心郎"。

而这位"柳七"公子一纸书罢，从书案间抬起头来时，也许还能看到那些美丽眼眸中涌起的朦胧而潮湿的点点泪光。是的，都说士为知己者死，她们其实是可爱的、感恩的，也是勇敢的。她们是世间最有灵性、最有生气和活力的美丽生命。

对她们来说，与柳永这种有人性深度、有生命温度的男性知己交往，他的才华、颜值和风度倒是其次。他的态度，那种以己度人、以心换心的真诚与平等，反倒更闪射着耀眼的光芒。

多年前的城门深雨里，一个白衣洒脱的男人且行且歌，眼里仿佛总有着化不开的忧伤。今宵的酒尚未清醒，柳岸白堤就已被晓风残月拨弄得柔肠百结。醉里眠花柳，他是红墙巷陌放荡不羁的多情儿。在世人眼中，他是一个浪子，一个落第的书生，一个处于边缘状态、自命"白衣卿相"的读书人，一个不能列入正史传纪、以作词谋生的落魄文人。据说，柳永为人放荡不羁，晚年穷愁潦倒，死时一贫如洗，是他生前的红颜知己们合金营葬。死后亦无亲族祭奠，每年逢其忌日和清明节，青楼歌女们都相约赴其坟地祭扫，在他的墓前浅斟低唱，并相沿成习，称之"吊柳七"或"吊柳会"。人们都说："乐游原上妓如云，尽上风流柳七坟。可笑纷纷缙绅辈，怜才不及众红裙。"

以往，一些文人墨客多以此为风流佳话或是韵事一桩，却没人能感受到其中深重的身后凄凉意；没人体会到其中女性柔韧的生命意志与温暖的情感呵护。《红楼梦》里贾宝玉平生所渴望的理想，就是当他死的时候，能得到众多红楼女儿们的眼泪。那是来自柔弱而美好的灵魂深处的露水，滋养着世间最宝贵最相知的挚爱与温情，治愈着那些受到伤害的心灵。

柳永最终得到了一众女儿的眼泪。他在生命最后时刻，被这些卑微而美丽的女子温柔相待。她们的身影和眼泪代表了整个世界，来呵护这个温存善良的男人，完成对他的临终关怀。其实，她们的内心也最渴望被这世上所有的男子温柔相待、被这个繁花盛开的世界温柔相待。

正如强盛的大唐因有了李太白而更富有传奇般的风采，富丽的大宋也因有了柳三变更显出一种悠悠风韵和别样魅力。这位"疏狂一醉解千愁"的浪子的一生，是夏花般盛放而又凄美的一生，也是有着生命关怀与人性理解的一生。

"一醉疏狂过后，酒醒时可知身在何处？温柔歌舞散尽，梦断处怎晓心向何方？"

曾经有人说过："宁立千人碑，不做柳永传。"一部皇皇《宋史》，竟无《柳永传》的只言片语。实是因为他一生特立独行，才华横溢，却毁誉参差，见弃于世，只留下一部吟风咏月的词集和浪迹秦楼楚馆的市井传说。

有道是，"自古文人皆寂寞"。其实，商品经济发达、人文思潮暗流涌动的大宋朝，出现柳永这样的浪子文人其实并不偶然。

目 录

第一章　芭蕉夜雨：白衣少年词心梦

昨夜麻姑陪宴，又话蓬莱清浅 / 003

自古及今，佳人才子，少得当年双美 / 010

重湖叠巘清嘉，有三秋桂子，十里荷花 / 014

露花倒影，烟芜蘸碧，灵沼波暖 / 023

第二章　才子词人：春烟销魂帝都游

世间尤物意中人，轻细好腰身 / 035

昨夜紫微诏下，急唤天书使者 / 040

才子词人，自是白衣卿相 / 045

帝里疏散，数载酒萦花系，九陌狂游 / 053

一生赢得是凄凉，追前事、暗心伤 / 060

坐中少年暗消魂，争问青鸾家远近 / 068

今宵酒醒何处，杨柳岸，晓风残月 / 075

第三章　心事如水：远行游子夫妻情
  想佳人妆楼望，误几回、天际识归舟 / 083
  镇相随、莫抛躲，针线闲拈伴伊坐 / 090
  坠髻慵梳，愁蛾懒画，心绪是事阑珊 / 094
  系我一生心，负尔千行泪 / 098

第四章　诗酒风流：一桥轻雨一伞开
  三吴风景，姑苏台榭，牢落暮霭初收 / 107
  扬州曾是追游地，酒台花径仍存 / 113
  有美瑶卿能染翰，千里寄、小诗长简 / 119
  人面桃花，未知何处，但掩朱扉悄悄 / 123
  红尘紫陌，斜阳暮草长安道 / 126
  锦里风流，蚕市繁华，簇簇歌台舞榭 / 130
  海阔山遥，未知何处是潇湘 / 135
  楚客登临，正是暮秋天气，引疏砧，断续残阳里 / 141

第五章　宦游羁旅：踏尽苍茫天涯路
  杏园风细，桃花浪暖，竞喜羽迁鳞化 / 149
  游宦区区成底事，平生况有云泉约 / 154
  长安古道马迟迟，高柳乱蝉栖 / 160
  算孟光、争得知我，继日添憔悴 / 167
  遥山万叠云散，涨海千里，潮平波浩渺 / 173

第六章　烟柳魂销：人生如梦鸟空啼
  听杜宇声声，劝人不如归去 / 179
  对闲窗畔，停灯向晓，抱影无眠 / 187
  屈指劳生百岁期，荣瘁相随 / 193
  永远的柳永 / 197

后　记 / 204

第一章

芭蕉夜雨：白衣少年词心梦

昨夜麻姑陪宴，又话蓬莱清浅

六六真游洞，三三物外天。九班麟稳破非烟。何处按云轩。

昨夜麻姑陪宴，又话蓬莱清浅。几回山脚弄云涛。仿佛见金鳌。

——《巫山一段云》

位于闽赣边界的武夷山，素以"碧水丹山"、"奇秀甲东南"的景色和丰厚文化积淀闻名于世。自古就有文人墨客诗词相赞，如"三三秀水清如玉，六六奇峰翠插天"，"有声欲静三三水，无势不高六六峰"等。这"三三"就是指九曲溪，"六六"则是指武夷山三十六峰。

这里是柳永的家乡，当然在他的笔下少不了对武夷山、九曲溪的吟咏。这首《巫山一段云》是柳永十多岁时所填。

抬头仰望，武夷山三十六峰隐在云层之后，朦胧飘缈，宛若传说中的仙家三十六洞天。低头俯瞰，远处的九曲溪蜿蜒流过，犹如红尘之外的仙境。那九位仙子骑着麒麟，步态稳称，踏破层层祥云，那些仙人的云轩鹤驾将前往何处呢？

传说中，东海中有三座仙山，分别叫作蓬莱、方丈、瀛洲，在上古时代，这三座仙山因底部无根，终日随波逐流，飘泊无依，仙家们苦于流离之苦，便奏请上帝遣来神龟背负仙山，从此之后，才算有了固定的处所。

麻姑是传说中的仙女。葛洪《神仙传》谓其为建昌人，修道牟州东南姑余山。能掷米成珠，自言已三次见东海为桑田，第四次见蓬莱之水浅了一半。相传三月三日西王母寿辰，她在绛珠河畔以灵芝酿酒，为王母祝寿，称"麻姑献寿"。那本居于天宫之上的麻姑曾经无数次应召前往东海仙山陪宴，每一次都会在山脚下涌起的云涛而见负山之金龟。这位麻姑仙子虽年华不知几何，却始终情怀如初，惹人怜爱。恍惚间，好像听到那麻姑说起了蓬莱清浅，便怅然世间沧海桑田，没个着落。东海深了又浅，可谁解人间情深缘浅？

读这首词，仿佛让人看到阳光之下，少年柳永站立竹排之上，顺着九曲溪水畅游武夷山，一派风神俊逸的风采！

正是武夷山和九曲溪的钟灵毓秀，孕育了崇安少年最初不同凡俗的灵性与才气。

柳永出身名门望族，是一个典型的"奉儒守官"之家。这一系柳氏家族祖籍河东（今山西永济），唐末五代时为避战乱，迁居福建崇安五夫里金鹅峰下（今福建武夷山市上梅乡茶景村）。

祖父柳崇，博学多闻，以儒学著名，"以行义著于乡里，以兢严治于闺门。"闽越王王延政闻柳崇名，特请他做沙县县丞，不料柳崇以需侍奉年迈母亲为由拒绝。终生不仕，老于布衣。柳崇有六个儿子，都入仕北宋，位居高位。柳永的父亲柳宜是柳崇长子，更是官至工部侍郎。

宋太宗雍熙元年（984年）秋，时任京东东路沂州费县县令柳宜家中，夫人刘氏生下了一个男婴，后来就是一代词人柳永。柳永原名柳三变，取自《论语》："君子有三变，望之俨然，即之也温，闻其言也厉。"即所谓君子有三变：远观严肃不苟，接近即温和坦荡，谈吐严厉庄重。

因家族中排行第七，人们又称他"柳七"。柳永和兄弟柳三复、柳三接在当时知名度很高，被誉为"柳氏三绝"。

关于柳永的出生,有不少传说。宋太宗太平兴国五年,即公元980年,柳永的父亲柳宜初任济州团练推官。祖父柳崇听说后非常高兴,就渡江到济州去看看柳宜。不料,柳崇到济州官舍时即患病而死,安葬在济州郊野。

后来,许多精通风水地理的人认为柳家祖坟对子孙不利,建议柳家子孙再新找坟地。可是种种原因一拖就是七年。七年之后,天下太平,柳宜便和五个小弟商议为父亲迁墓。兄弟们跟着风水先生转了三四天,终于找到一方宝地,然后将柳崇的遗骨迁来下葬。

安葬那天,工人们突然叫道:这下面有一块大石板,无法挖下去,问柳宜该怎么办。柳宜也觉得不妙,挖出大石板,盖着亡人头,绝非吉兆。请来风水先生踏勘墓穴,那先生笑着说:"这哪里是磐石压顶,分明是玉带缠腰,想尽办法将石板打开,只要能安放棺木就行。"待石板破开时,下面竟然有一汪清水,水中有条小鱼游来游去。风水先生说:"我看阴宅四十五年,从来未遇过这等奇事。"

据说柳崇遗骨埋在了风水宝地上。安葬父亲后第二年,儿子柳永就出世了。在他出生前夜,屋顶有颗明亮的星辰,人们纷纷传说那是文曲星。

此外在乡邻中还传说着一桩奇事,柳永家有一架祖传的古琴。在柳永出世这一天,那架古琴居然不弹自鸣,嗡嗡有声。父亲柳宜走到琴房去看,只见琴盖都未打开,却传出了动听的琴声。琴者,乐也,情也。可见,柳永一生与弦歌乐事、与人间情缘脱不了干系。

后来,柳永的父亲柳宜考中进士,后为国子博士,官至工部侍郎,而后是其弟柳寊中进士,大中祥符八年,另一个兄弟柳宏又中进士。短短十几年,柳家就出了三个进士。

后来,人们说那祖墓中的小鱼是柳永降生的征兆。"鱼儿者,水中之物也,离开水就不能生存,三变这一生成器于水。他将生于水中,此生此世不会离开水半步。"这正是柳永一生流连于歌楼舞榭,沉迷于声色词曲的写照。

柳永的聪颖在家乡也流传着种种民间传说:一天,年少的柳永在庆余桥桥头游玩时，正好看到县衙张贴的告示。告示中说，近日以来百姓深受鳖精残害。不少人被变化为矮黑汉子的鳖精妖风所迷，失了财物。凡是揭下告示并能捉拿鳖精者，官府将重重有赏。

告示贴出数日，经风吹雨淋已破损不堪，还是无人敢揭。而小柳永竟然信心满满地揭了告示，引来一阵嘘声。小柳永回到家中便开始琢磨。他开动脑筋制成一张罗网，用鸡鸭鱼肉为诱饵，竟一举抓住了鳖精，逼其现出原形。

传说固然不可信，却可以看到家乡人眼中的小柳永有着超出常人的聪颖，人们甚至把他看成了制伏妖孽的神童。

崇安白水村民风淳朴，推崇儒家礼法。柳氏一门颇受当地人敬重。当地乡民若是起了纠纷，常常不去官府诉讼，而是来到柳家请深通儒理的柳崇裁决。这样的人家在当地可谓众望所归。

柳永年少时便有文名闻于乡里。他自幼聪慧，加之老师指点，学业更是突飞猛进。他的家乡至今还传说，柳永少时每夜必燃烛苦读，后人以其读书之地为笔架山和蜡烛山。十四岁时，柳永在一篇《劝学文》中发下宏愿，立志求学。他写道："父母养其子而不教，是不爱其子也。虽教而不严，是亦不爱其子也。父母教而不学，是子不爱其身也。虽学而不勤，是亦不爱其身也。是故养子必教，教则必严；严则必勤，勤则必成。学，则庶人之子为公卿；不学，则公卿之子为庶人。"

据传，他十六岁时还挥笔写下了一首《题建宁中峰寺》：

攀萝蹑石落崔嵬，千万峰中梵室开。
僧向半空为世界，眼看平地起风雷。
猿偷晓果升松去，竹逗清流入槛来。
旬月经游殊不厌，欲归回首更迟回。

中峰山在建宁府属松溪县境（今福建省松溪县），被誉为"一峰奇秀，特出众山之表"，而中峰寺在中峰山之麓，是唐景福元年（892年）建造。

少年柳永沿着陡峭崎岖的山间石径，一路涉水过溪、攀萝牵葛爬过道道峰岭，穿过森森林莽，来到深山里的中峰寺古刹。他远远眺望伏虎坛胜迹，只见猿猴在松间攀爬出没，竹林下水溪潺潺。他脑海里不由得浮现出禅师叱咤风雷、降伏猛虎的英姿，心中感慨万端。正是这首诗，让当时的伏虎禅师赞叹不已，更让中峰寺在武夷山众多寺庙中声名鹊起，还引得后世的理学大家朱熹前来瞻仰。

这个时候他还开始学填词。有一次，柳宜默诵晚唐后主李煜的词曲，不觉下泪。柳永看见了问道："爹，你念的是什么？为什么字数有长有短，像诗又不是诗。"

柳宜转过身看着儿子，笑道："告诉你，这叫词不是诗，这是能上口歌唱的词章，又叫词曲小令，依谱儿还能唱呢。"

这是柳永第一次接触词。词是文学史上一种特殊的诗体，最早源于古乐府，兴起于唐代，经过晚唐五代的发展，至宋代已极为繁荣。长长短短的句式，平平仄仄的韵脚，缠缠绵绵的情愫，自有一种特别的音乐节奏感和打动人心的感染力。

还有一种说法，据王弈清《历代词话》卷四载：宋代有位无名氏作了一首《眉峰碧》：

蹙破眉峰碧。纤手还重执。镇日相看未足时，忍便使鸳鸯只。
薄暮投村驿，风雨愁通夕。窗外芭蕉窗里人，分明叶上心头滴。

这首词写得情景交融，"蹙破眉峰"和"重执纤手"两个画面具有浓郁深挚的情感内蕴。"窗外芭蕉窗里人，分明叶上心头滴"，更是一种格外浪漫、令人备觉伤感的意象，不知不觉间催化了少年柳永文学感悟力的成长，也使他感觉到一种从未有过的、令人沉醉的美感。

柳永少年读书时，就将这首词书写在墙上，反复吟哦，体悟章法，从而训练出一种对词体文字的特殊敏感。其实，无论是对填词技法还是对人间情爱的感悟，这首词其实都起到双重启蒙和催化的作用。他从此知道，在人世间还有这样一种深入骨髓的缠绵之爱，还有这样一种痛彻肺腑的相思之苦。

"蹙破眉峰碧。纤手还重执。"美丽如远山之黛的浅浅眉峰，雪白如柔荑的纤纤之手，唤起了年少柳永内心最初的想象。那两句古诗所描述的："盈盈一水间，脉脉不得语。"世间男女之间还有那样美妙而浪漫的情感生活。

而这一切是在圣贤之书中所无法获得的。正如《红楼梦》里薛宝钗说过，这些词呵曲呵，最是移人性情、夺人魂魄。不知不觉间，柳永的内心开始变得格外细腻、温柔，性情和气质也开始变得浪漫多情。

所以自唐末五代花间词以来称为"艳科"的词，一开始就是作为一种言情文体进入了柳永十六岁的世界，从而带来他身心的双重成长。对词的纯熟运用，对人间情爱的热切向往，成就了一代词人大家柳永最初的禀赋。

待到柳永填词渐入佳境的时候，他的情感世界也已经由最初的萌芽，长成了葳蕤的菁菁树林。一位歌女曾经对人说："柳七的词就根据这首词变化而来，并又创出新体。"后世有所谓"屯田蹊径"，即是如此。"蹙破眉峰"和"重执纤手"这两个经典细节，在柳永后来的《雨霖铃》等词境中都能依稀辨出《眉峰碧》的影子。

词，就这样沿着青春年少的血脉，一直流进这少年的灵魂里。后来，它与情爱纠缠在一起，成为柳永心底毕生都扯不开、剪不断、理不清的一个结。

相传，柳永填的第一首词就是这首《黄莺儿》：

> 园林晴昼春谁主。暖律潜催，幽谷暄和，黄鹂翩翩，乍迁芳树。观露湿缕金衣，叶映如簧语。晓来枝上绵蛮，似把芳心、深意低诉。

无据。乍出暖烟来，又趁游蜂去。恣狂踪迹，两两相呼，终朝雾吟风舞。当上苑柳浓时，别馆花深处。此际海燕偏饶，都把韶光与。

晴丽之昼，谁主宰这园林之春呢？春来阳气上升，暗催草木萌发，幽谷也变得那样和暖。清晨，黄莺在林间翩翩飞舞，露水打湿了羽毛，绿叶掩映中传来了悦耳的鸣声，低低地诉说着"芳心"，诉说着"深意"，绵绵如有情。

无缘无故地，黄莺出巢飞动的时候，清晨的雾霭尚未消散，又追逐随同游蜂而去。它们行踪放浪，两两相呼应，整日雾里唱风里舞。当上林苑柳树葱郁茂盛时，在别馆花深的地方，这中间燕子特别多，都把美好时光白白流失。

这首词收入柳永《乐章集》中，常被人们放在柳词选本的第一篇。这首咏物词为柳永自创词调。清新秀丽，节奏明快，别具一格。柳永的诗词文章传开后，人们纷纷赞叹，称他为神童，还赞柳永为"金鹅峰下一支笔"。朱熹的老师刘子翚对他也青眼有加："钓章棘句凌万象，逸兴高情俱一时！"

才情卓异的少年柳永十年寒窗，勤奋苦读，盼望着有朝一日能科举及第，光宗耀祖，不负父兄教诲，不辱书香世家的门楣……

似锦前程，遥遥地向柳永招手；幸运之神似乎已向柳永露出半边笑脸。

自古及今，佳人才子，少得当年双美

飞琼伴侣，偶别珠宫，未返神仙行缀。取次梳妆，寻常言语，有得几多妹丽。拟把名花比。恐旁人笑我，谈何容易。细思算，奇葩艳卉，惟是深红浅白而已。争如这多情，占得人间，千娇百媚。

须信画堂绣阁，皓月清风，忍把光阴轻弃。自古及今，佳人才子，少得当年双美。且恁相偎倚。未消得，怜我多才多艺。愿妳妳、兰人蕙性，枕前言下，表余深意。为盟誓。今生断不孤鸳被。

——《玉女摇仙佩》

转眼间，柳永到了 18 岁。

男大当婚，女大当嫁。柳永到了可以娶妻生子、成家立业的年龄。而他娶的妻子名叫琼娘，正当及笄之年，刚刚 15 岁，生得花容月貌，杨柳纤腰。一头轻盈飘逸的长发，散发着淡淡的花香。

初见的美好，牵手的快乐，深情相望里的羞涩，多么美丽的一场青春爱恋。新婚的夜晚，柳永眼见得小妻子在红烛映照下益发显得红妆玉容，娇美如花，感到真如天上下凡的仙女。一时竟有些痴了。

琼娘，真是许飞琼一般的天仙女子。在今天读者的脑补中，就当她长得如

《神雕侠侣》中的小龙女吧。这柳郎眼中神仙般的女子，来到人间嫁给了年少的柳郎。两人就是一对人见人羡的神仙眷侣。

吻着她的长发，柳永轻轻剪下自己的一绺头发，琼娘见了清清浅浅地一笑，一双柔荑小手将她自己剪下的一绺头发交给了柳郎。柳郎于是将两绺头发绾结在一起，表示结发夫妻永不分离。

温文尔雅的柳郎在她耳边轻轻低语："我心里有了一首新词，写给你的。"

然后，琼娘会意地轻轻一笑，起身走到书案边，为他研墨铺纸。眼看那柳郎挥笔写下一首《玉女摇仙佩》，她低头羞涩地含笑不语。

柳郎写毕，看了娇妻一眼：呵，人间多少美女能像她这样随便梳妆、简单言语就非同凡响呢？想要把她比作名花，却又怕人笑我。再仔细想想，那些奇葩艳卉，也不过是深红浅白而已。怎如我这多情人，能占得人间如此千娇百媚。

这画堂秀阁里、明月清风的好时光怎能浪费。从古到今，佳人才子难得双美，而我们却能如此相依相偎。真让人消受不起呵，大概是上天看在我柳七多才多艺分儿上，赐我如此良缘佳人。你这可人儿兰心蕙质，在枕前向你一表心意。我柳七发誓，今生不让你受一点儿委屈，不让你一人孤枕而眠。

这柳郎的才华风度无人不知，自小即有"神童"之誉，人称"金鹅峰下一支笔"。琼娘与柳郎可称得上郎才女貌的一对才子佳人。琼娘看到柳永生得俊秀潇洒，才情卓异，心中顿感甜美。

此刻，烛光照映着她的面容，酡红中颇有几分陶醉。她感到自己是世界上最幸福的女人。柳郎博学多才，妙解音律，常与天生丽质的琼娘弹琴唱曲，妙语解颐，恍如神仙眷侣。她以为，可以与他共度一生一世的温情时光；以为可以爱他此生不变，此生不悔。

新婚生活给正当年华的柳永带来一种完全不同的感觉。他沉醉在温柔乡里，长久地不愿醒来。他相信，琼娘就是此生的最爱；是今生最美的遇见；是今生最深的情缘。

有很多词描写这一时期的甜蜜生活：

　　满搦宫腰纤细。年纪方当笄岁。刚被风流沾惹，与合垂杨双髻。初学严妆，如描似削身材，怯雨羞云情意。举措多娇媚。

　　争奈心性，未会先怜佳婿。长是夜深，不肯便入鸳被，与解罗裳，盈盈背立银釭，却道你先睡。

——《斗百花》

　　柳郎新娶，琼娘初嫁。在他的眼中，这位正当及笄年华的小娇妻是如此美好：盈盈一握的纤腰，刚刚合髻的发型，好似精心雕琢过的窈窕身材，言笑晏晏中自有千娇百媚。然而，她却不知道怜惜夫君此时的心意，夜深了，还不上床就寝。她含羞背对银灯解着罗衫，却说你先睡吧。这个刚刚学着做新妇的小妻子，显然未解风情。

　　垂杨双髻是未婚少女的发型，结婚后合二为一，称为合双鬟。被衾中的他和她相互凝视，深情相望，眼里初露的羞涩，使她的脸儿飞上一片红云。此时，也许是今生最美最难忘的时光。他们真实地拥有了彼此，生活开始变得与以往完全不同。

　　慢慢地，琼娘习惯了婚后的生活。她像所有的贤妻一样开始做起了针线活儿，同时也享受着与夫君的鱼水之欢：

　　欲掩香帏论缱绻。先敛双蛾愁夜短。催促少年郎，先去睡、鸳衾图暖。

　　须臾放了残针线。脱罗裳、恣情无限。留取帐前灯，时时待、看伊娇面。

——《菊花新》

　　某个深夜，她催促年少郎君早去歇息，然后，她也困了，便也放下手里还没做完的针线活计,解衣歇息。

香帏轻摇,灯光渐暗。一对相爱的人在锦衾中相依而卧,深深地凝视着对方。他的眸光变得愈来愈温柔,愈来愈多情。寂静时光,她在他耳边絮絮诉说着女人的心事,他轻轻吻去她的泪水。她明媚地一笑,因他的柔情抚平尘世心澜;他春意满怀,因她的娇媚容颜而心生怜爱。倾心的相知在指尖下翩然起舞,内心的激情在眼底绽放光芒。

他们的心穿越了红尘万丈,永远停留在这一刻。爱意无限,岁月静好……

> 届征途,携书剑,迢迢匹马东去。惨离怀,嗟少年易分难聚。佳人方恁缱绻,便忍分鸳侣。当媚景,算密意幽欢,尽成轻负。
>
> 此际寸肠万绪。惨愁颜、断魂无语。和泪眼、片时几番回顾。伤心脉脉谁诉。但黯然凝伫。暮烟寒雨。望秦楼何处。
>
> ——《鹊桥仙》

然而,柔情似水,佳期如梦。

年少的柳永不得不离家远行了。他要前往大宋王朝的都城汴京赶考,靠十年寒窗修得的才华学识去搏一个灿烂的人生和未来。

妻子和年少郎君临歧执手,依依不舍,眼中隐然几分酸涩潮湿。柳永身携一箧书、腰悬一柄剑,骑上一匹瘦马,即将远走天涯。"秦楼"在这里可解作是萧史与弄玉所居的"秦楼"之本义。是呵,豪情满怀的柳七就要乘龙跨凤而去了,却又不舍安宁温暖的家和美丽娇柔的妻子。

走几步,又勒马回头,依然只见得妻子的痴痴身影,还有暮烟细雨里的家园……

有道是"好男儿志在四方。"深深吸引柳永的,当然不只是眼前温柔适意的家居生活,更有那些美好诱人的诗和远方。

重湖叠巘清嘉，有三秋桂子，十里荷花

宋真宗咸平六年（1003年），柳永离开家乡崇安后即向北而行，一路舟车劳顿，来到了江南。对于江浙苏杭的风物，柳永并不算陌生。父亲柳宜在各地为官，柳永曾经随父到过江南不少地方。

但是今日来到杭州，心情又是不同。柳永这年正值弱冠之年，此番进京赶考，颇有一番雄心豪气。他眼中的杭州风情是一派烟柳画桥、物阜民丰的太平景象：

东南形胜，三吴都会，钱塘自古繁华。烟柳画桥，风帘翠幕，参差十万人家。云树绕堤沙。怒涛卷霜雪，天堑无涯。市列珠玑，户盈罗绮，竞豪奢。

重湖叠巘清嘉。有三秋桂子，十里荷花。羌管弄晴，菱歌泛夜，嬉嬉钓叟莲娃。千骑拥高牙。乘醉听箫鼓，吟赏烟霞。异日图将好景，归去凤池夸。

——《望海潮》

江南的天是蓝的，水是绿的，风是柔柔的，空气是甜甜的、湿湿的。花红

柳绿，莺莺燕燕，春风十里，暖气熏人。

这里自古仿佛是文人们天然的心灵后花园，精神安憩的栖居之所。而在豪情万丈的少年柳永眼中却又有了一番繁华空阔的景象。那种意象繁密的铺陈和灵动飞扬的想象，常常让人想起初唐时滕王阁上逞才拟藻、出语惊人的天才少年王勃。

词中一开头就说杭州城地处险要，风景优美，是三吴之地的都会。这里自古以来就是红尘繁华之地。如烟柳树、彩绘桥梁、风帘翠幕，楼阁参差高低，大约有十万户人家。绿云般的树林环绕着钱塘江沙堤，汹涌澎湃的潮水卷起霜雪般的白色浪花，宽阔的江面形如一道天堑，一望无涯。杭州城内的市场上陈列着琳琅满目的珍宝珠玉，家家户户都满是绫罗绸缎，好像在竞相比富斗奢。

里湖、外湖与重重叠叠的山岭清秀而美丽。秋天桂花飘香，夏季十里荷花。晴天欢快地吹奏羌笛，夜晚划船采菱唱歌，钓鱼老翁和采莲姑娘都喜笑颜开、快乐开心。约千名骑兵簇拥着巡察归来的长官。在微醺中听着箫鼓管弦，吟诗作词，赞赏着美丽的水色山光。他日把这美好的景致描绘出来，回京时可以向朝廷夸耀这盛世的升平景象。

年少的词人柳永仿佛是站在云端之上，以俯瞰的姿态面向这片苍茫秀美的河山。

整首词犹如一篇意境开阔、笔力雄健的《钱塘赋》，犹如一部长镜头、多视角的风景民俗纪录片，也是一部浓墨重彩地歌颂北宋鼎盛时代太平景象的"主旋律"大片。可谓"承平气象，形容曲尽"。

"东南形胜，三吴都会，钱塘自古繁华。"旧以吴兴、吴郡、会稽为三吴，或称吴兴、丹阳、会稽为三吴。这里泛指长江下游的江浙一带，自古皆是繁华之地。钱塘，旧为钱塘县，即今杭州市。地处于中州东南，以产丝绸、织锦、茶叶、绸伞等闻名。春秋时代就是吴、越争霸之地，秦代设置钱塘县，隋朝改设杭州，五代时吴越国建都于此，发展为东南第一州。此处"东南形胜，三吴都会"，极言其为东南一带、三吴地区的都会要津，令人想起王勃的那篇雄文《滕王阁序》的开篇。

"烟柳画桥，风帘翠幕，参差十万人家。"柳色葱郁，如雾如烟，其间彩桥如画。春日柳树像一片嫩绿的薄薄的轻纱，掩映着一座座精美桥梁。杭州街巷河桥之婉丽，江南之轻灵秀美有如婉约女子；"参差十万人家"一句以纵目远眺之笔，写那些高高低低、远远近近的楼台馆阁、珠帘绣幕十分精美雅致，隐约有十万多人家，一派人间红尘的繁华景象。

"云树绕堤沙"，钱塘江堤上，行行树木郁郁苍苍，远望犹如云雾一般。一个"绕"字活画出长堤沿江岸蜿蜒迤逦之势。"怒涛卷霜雪，天堑无涯"，钱塘江潮水汹涌澎湃，有如浪卷霜雪。"天堑"原意为天然深沟，这里形容钱塘江汹涌浩大之势，难以逾越。钱塘江八月观潮历来称为盛举。宋代周密《武林旧事》记载："浙江之潮，天下伟观也。自既望以至十八日为最盛。方其远出海门，仅如银线，既而渐进，则玉城雪岭，际天而来，大声如雷霆，震撼激射，吞天沃日，势极豪雄。"这里所说的浙江，就是钱塘江。另一位词人潘阆也写过钱塘江观潮盛景："长忆观潮，满郭人争江上望。来疑沧海尽成空，万面鼓声中。弄潮儿向涛头立，手把红旗旗不湿。别来几向梦中看，梦觉尚心寒。"

此处柳永写尽钱塘潮水奔腾壮观的气势，同时也隐有杭州地处江南，有长江作为天堑，可谓占得地利做天然屏障。后来金人入侵汴京掳走徽、钦二帝。赵宋王朝果然南迁江南杭州，凭借"天堑"偏安东南，史称"南宋"。当然柳永在当时是想不到这些的。

"市列珠玑，户盈罗绮，竞豪奢"，市集店铺里摆的都是珠宝珍奇，家家户户都堆满绫罗绸缎。绘尽杭州民间繁华豪奢景象。"珠玑罗绮"也暗示了杭城声色之盛。"竞豪奢"三个字明写肆间商品琳琅满目，客人们竞相选购，商人们争相炫耀。暗写商人比夸争耀，反映了杭州这个繁华都市穷奢极欲的一面。就像欧阳修在《有美堂记》里的描述一样："钱塘自五代时，不被干戈，其人民幸福富庶安乐。十余万家,环以湖山,左右映带,而闽海商贾,风帆浪泊,出入于烟涛杳霭之间,可谓盛矣!"

"重湖叠巘清嘉"写尽西湖之美。"重湖",唐代诗人白居易任杭州刺史时,在钱塘门外筑了一条长堤,世称"白堤"。西湖中的这道白堤将湖面分割成里湖和外湖,所以就有"重湖"之说。"巘",小山峦。"叠巘"是指灵隐山、南屏山、慧日峰等重重叠叠的山岭。"清嘉"二字形容湖水清澄,峰峦叠嶂,湖光山色,云烟清幽。

湖外有湖,山外有山,实在是清丽可嘉;更美的则是"三秋桂子,十里荷花",堪称千古丽句。三秋时节,山上桂子飘香、湖中荷花绽放。让杭州如同天堂仙境。这八个字十分工整,如诗如画,清逸优雅,高度概括了杭州西湖风物景象,深得世人称赏。传说西湖灵隐寺和天竺寺,每到中秋常有带露的桂子从天飘落,馨香异常。那是从月宫桂树上飘落下来的,是寂寞的嫦娥赠予人间的礼物。因此宋之问《灵隐寺》中写道:"桂子月中落,天香云外飘。"白居易《忆江南》中也有"山寺月中寻桂子"。无论你走到杭州的哪个角落,都有似有似无的香气隐隐袭来,整个城市笼罩在香甜的桂香之中,仿佛置身于天堂仙境。宋人杨万里也写到了杭州西湖的荷花:"毕竟西湖六月中,风光不与四时同。接天莲叶无穷碧,映日荷花别样红。"这样的盛况真是令人沉醉。

"羌管弄晴,菱歌泛夜,嬉嬉钓叟莲娃。"不论白天或是夜晚,湖面上都荡漾着优美的笛声和采菱歌声。一个"泛"字,说明笛声和歌声都来自西湖中的船上,采莲少女快乐地嬉戏,垂钓老者和颜而笑。这几句写出一幅昼夜笙歌、颇为和谐安乐的盛世景象。

"千骑拥高牙,乘醉听箫鼓,吟赏烟霞。""高牙",高高的牙旗。"竿上以象牙饰之,故云牙旗","牙旗者,将军之旌"。成群马队簇拥着高高的牙旗缓缓而来。那官员乘着酒兴,听着箫声鼓乐,吟赏西湖缭绕的霞光烟云。写出一位儒雅风流的朝廷官员饮酒吟诗,游湖赏秋,在林水间遣兴。

"异日图将好景，归去凤池夸。""凤池"即凤凰池，本是皇帝禁苑中的池沼。魏晋时中书省掌管机要，因接近皇帝，故称"凤凰池"。意思是当朝廷召还之日，主政杭州的太守应当将如此好景画成图本，献与朝廷，夸示于同僚，让世间有如此仙境达于天听。

《望海潮》这一词调始见于《乐章集》，可见是柳永自创的词调新声。这首词极写杭州的富庶与美丽，仿佛是一部剪裁得当、画面宏大精美的记录片，远景近景的镜头切换自如，写街市商肆，极声色之繁盛；绘湖山花木，状风物之清嘉。风格豪放，景象宏大，声调激越，一反柳永往日词作的缠绵绮旎。可以毫不夸张地说，柳永在这首词中运用了类似现代电影摄像的艺术手法，有长镜头式的全景扫描，有散点透视式的近景特写，有蒙太奇式的时空切换，有浓墨重彩的大笔渲染，有优美淡雅的抒情画面，真有点儿第五代导演张艺谋的审美风格。

就如同《清明上河图》、《东京梦华录》之于北宋汴京，柳永的这首《望海潮》再现了有宋一代的盛世气象，成为一个时代的象征。应当说，这首词是一部反映"主旋律"的大片，是一首时代的颂歌。说柳永是那个隆宋治世的时代歌手也是很恰当的。这是二十岁的柳永青春年少、豪情勃发的一次出色发挥，不亚于当年王勃写下流传千古的《滕王阁序》。千古以下，今天读来犹是令人浮想当年杭州的繁华景象。堪称是一篇传世佳作。

当时，这首《望海潮》被时人争相传抄，不久就在杭州城大街小巷传唱开来。柳永的名气一下子传遍四方。

关于这首词，自宋代以来流传着一些故事。

据《古今词话》记载，这首《望海潮》是柳永赠给两浙转运使孙何的，孙何是柳永家的世交，当时正驻节杭州。柳永二十岁曾到名胜钱塘游览并拜访老友孙何。当时，孙何正不堪种种应酬之扰，嘱咐门卫若是闲人来访一律挡回。

故而柳永几次求见却不得进其门。其时正值清秋时节，杭州城内外一片人丁兴旺、物产丰富、商业繁华的景象。柳永白天在城中街市徜徉，晚上到江边船上饮酒听箫。见到如此美景盛况，他的心中感慨万分，写下多首词以咏怀。其中就有这一首《望海潮》。

据说柳永填好这首《望海潮》后，听说中秋佳节孙何要在家中宴请宾客，已招了一班杭州歌女前去侍奉。于是，柳永就找到当时杭州头牌当红歌女楚楚，拜托她去孙府伴宴时就唱这一首《望海潮》词。并嘱咐她说，如果孙大人听后问是何人所作，你便说是柳七。

果然，中秋节时楚楚受孙何府中邀请献唱。中秋之夜，桂子飘香，明月高悬。孙何在后园的凉亭中摆一长案，布列上各种时令水果糕点，与几位同僚和各自的夫人们围坐案前赏月。一席人推杯换盏，谈古论今，小孩子追逐嬉闹，好不惬意。

这时侧旁传来一阵莺声燕语，孙何转头一拍手，指着一袭红衫的楚楚叫道："楚楚啊，本官可是好久没有听到你唱的歌了，快快弹唱一首。"

楚楚便抱琴坐在庭院当中，月光斜射在她身上，轻风拂起她的红纱衣，犹如仙女下凡一般："……烟柳画桥，风帘翠幕，参差十万人家……"歌声飘荡在庭院中，众人听得入了神。孙何听到有"三秋桂子，十里荷花"一句，已禁不住叫出好来。曲罢，果不出楚楚所料，孙何叫住她问："你这歌词是何人所作？"

"禀告大人，作词者乃柳七公子柳三变。"孙何一听，竟是老朋友到此。楚楚接着说："柳公子已多次来拜见相爷，都被守门阻挡，才出此投词问路的下策。"孙何当即面有愧色地追问道："柳三变现在何处？""城南桥头客栈。"于是，孙何立即派人去请柳永，自己亲迎至府门。朋友见面，自然是分外亲热，一番热情酒宴款待，把酒共话当年。不久后，这首词就迅速流传开来，天下传诵。

学者唐圭璋《柳永事迹新证》认为，孙何生于宋太祖建隆二年（961年），死于真宗景德元年（1004年）。当时孙何与宋初著名文人王禹偁私交颇深，常游于王禹偁之门，而王禹偁与柳永之父柳宜有深交，这样孙何便与柳宜交往，所以才有柳永作词《望海潮》赠予孙何之事。此时孙何在两浙转运使任上，其身份是柳永的长辈。

关于这首词还有一说，罗大经《鹤林玉露》卷十三记载说：柳永这首《望海潮》传唱一时，流播到了当时的金国。"金主亮闻歌，欣然有慕于'三秋桂子，十里荷花'，遂起投鞭渡江之志。"由于柳永在词里描写了富裕繁华的江南，而引起金人完颜亮对大宋的觊觎。据说他极为欣赏"三秋桂子，十里荷花"这一句，竟引起率兵打过长江的欲望，隔年以六十万大军南下攻宋。

另一则传说更玄乎，说是完颜亮派遣画工到大宋，偷偷临摹了杭州的湖山胜景带回金朝，并亲自在画幅上题诗："万里车书一混同，江南岂有别疆封？提兵百万西湖侧，立马吴山第一峰！"完颜亮带兵攻打南宋，最后侵宋以失败告终，自己也惨被部下杀死。

一首词引发一场战争，未免有些荒唐。但也足以说明这首词的艺术感染力和传播之广、影响之大。

后人有诗云："谁把杭州曲子讴？荷花十里桂三秋。那知卉木无情物，牵动长江万里愁。"

直到今天，柳永的这首《望海潮》仍然是杭州城最美妙、最生动的宣传词。一首词和一座城，就这样结下了深深的缘分。

时任江浙转运使的孙何与柳永家族是世交。这也是一位才子型官员。

孙何十岁识音韵，十五岁撰写文章能引经据典，尤以文学、经史驰名，与当时著名学者丁谓齐名，历史上合称"孙丁"。他还很愿意结交读书人，对词曲也颇有兴趣。对于擅长词艺的才子很是赏识。

他对前来干谒献词的柳永颇为礼遇，青眼有加。初出茅庐的柳永能有这样一位前辈赏识，当然是感到荣幸。他在杭州盘桓了一些时日，直到宋真宗景德元年（1004年），孙何奉旨回京任太常礼院士，执掌三班院。为此，柳永作词一首相贺：

渐觉芳郊明媚，夜来膏雨，一洒尘埃。满目浅桃深杏，露染风裁。银塘静、鱼鳞簟展，烟岫翠、龟甲屏开。殷晴雷。云中鼓吹，游遍蓬莱。

徘徊。隼旗前后，三千珠履，十二金钗。雅俗熙熙，下车成宴尽春台。好雍容、东山妓女，堪笑傲、北海尊罍。且追陪。凤池归去，那更重来。

——《玉蝴蝶》

一夜春雨洗去大地上的尘埃，渐渐感知到京城郊外春光明媚。满眼浅色桃花和深色杏花，这都是雨露滋染和春风剪裁而成的美景。清澈明净的池塘，波纹如鱼鳞、床席般展开，雾霭笼罩的山峦碧绿青翠，形如龟甲般的玉饰屏风延展开来。从云中传来锣鼓吹奏声，如同晴空响起的春雷。遍游美如蓬莱般的仙境。

徘徊围观初到上任官吏的春游队伍。在画着鹰隼图案旗帜前后，簇拥着三千珠履、十二金钗的众多美女。在春日登眺览胜处，熙熙盛多的雅士与俗人，正在筹备酒宴。这位官吏随从的妓女雍容华贵，仿佛是当年东晋谢安携妓女东山游宴；他还好客善饮，堪比"坐上客常满、樽中酒不空"的三国名士孔北海。姑且做个陪客追随，等到回归凤凰池，哪有机会能再来重游。

柳永以谢安和孔融比喻这位名士风度的儒雅官员，可谓推崇备至。这位对柳三变青睐有加的孙何被召还京后，先任太常礼院士，执掌三班院，后又嘉升为知制诰，赐金腰带，紫蟒袍。同年冬，孙何因操劳过度，身染疾病，不幸卒于东京汴梁府第，年仅四十四岁。

事实上，这两年柳永一直在杭州盘桓流连。

繁红嫩翠。艳阳景，妆点神州明媚。是处楼台，朱门院落，弦管新声腾沸。恣游人、无限驰骤，娇马车如水。竟寻芳选胜，归来向晚，起通衢近远,香尘细细。

  太平世。少年时,忍把韶光轻弃。况有红妆,楚腰越艳,一笑千金何啻。向尊前、舞袖飘雪,歌响行云止。愿长绳、且把飞鸟系。任好从容痛饮,谁能惜醉。

——《长寿乐》

  已是花红叶绿的一派春天景色,将大地装点得无比明媚。处处危楼台榭、朱门院落都沸腾着新颖美妙的音乐。车马众多,来往不绝,任凭游人无限疾驰,竞相寻游美景名胜。归来临晚,四通八达的道路上,如云美女步履而起轻微的芳香之尘。

  太平盛世,正当少年青春,不忍把美好的春光轻易抛弃,何况还有楚腰越艳、一笑千金的美女相伴呢!面对酒宴上那雪花飘飞的舞袖,响遏行云的歌声,我愿用长绳系飞鸟,好能从容痛饮,谁能怕醉啊!

  美妙的湖光山色,轻盈飘逸的楚腰越艳,响遏行云的清越歌声,看不尽的百媚千红,让年少的柳永流连忘返。他已经感到时光过得太快了。词中说,他欲以长绳将太阳中往前不停飞翔的三足乌拴住,以能使这"少年""韶光"永驻,"任好从容痛饮"!

  是呵,湖美山美,景美人美,令人陶醉。柳永也由此对韶光易逝感到了几分惶恐和无奈。因为身在杭州的柳永此时接到了父亲柳宜催促进京赴试的家信。

  有道是:天下没有不散的筵席,好景不常在,他必须重新上路了。

露花倒影，烟芜蘸碧，灵沼波暖

北宋汴京，这座繁华大都市据说当时人口已超百万，是当时世界上最大的城市。

当年，宋太宗允许市民在御廊开店设铺和沿街做买卖。这座都城就开始变得空前繁荣，夜市往往到夜半三更方散。其最繁盛时，"正当辇毂之下，太平日久，人物繁阜。垂髫之童，但习鼓舞，斑白之老，不识干戈……举目则青楼画阁，绣户珠帘。雕车竞驻于天街，宝马争驰于御路，金翠耀目，罗绮飘香。新声巧笑于柳陌花衢，按管调弦于茶坊酒肆……""青楼画阁"、"雕车宝马"、"绣户珠帘"、"柳陌花衢"、"茶坊酒肆"遍布大街小巷。

赵宋王朝自宋太祖杯酒释兵权以后，实行崇文偃武政策，提倡官吏们"多积金，市田宅以遗子孙，歌儿舞女以终天年"（《宋史·石守信传》），故而寄情声色、欢宴冶游就越发成为太平盛世的时尚风气和富贵象征。宋朝娱乐业非常发达，达官显贵和富商大贾家里往往养着私人的娱乐班子，包括唱曲的歌伎、跳舞的舞伎、演剧的优伶、说书的先生。不仅仅是富人家里需要歌舞伎，各大城市的公共娱乐场所也需要。早在北宋极盛时期，开封城里的大型娱乐场所共有十所；到了南宋中后期，杭州城里的大型娱乐场所竟然多达二十三所。这种大型娱乐场所在宋朝叫作"瓦舍"，一个瓦舍里又包括十几个"勾栏"（剧场）。

在这软红十丈的红尘繁华地，有着数不清的酒楼、菜馆、茶坊、歌院、瓦子……那些唱戏的、说书的、杂耍的、卖唱的等等，士农工商，江湖艺人，贩夫走卒，各色人等来来往往，穿插交错。繁华都城里无日不在上演着活生生的人世悲欢离合。这一切对于柳永这位来自东南之地的年轻读书人来说，都是新鲜而刺激的感受。

他刚到汴京不久，就遇到了元宵节。始于汉代的元宵灯节，到宋代达到了鼎盛。元宵节被看作是汴京三大节之一。元宵夜除了万民赏灯，还是宋朝青年男女们自由恋爱之夜。在狂欢中，他们抛开了平日的清规和禁忌，大胆去寻找爱情。

据孟元老《东京梦华录》载："正月十五日元宵。大内前自岁前冬至后，开封府绞缚山棚，立木正对宣德楼，游人已聚御街两廊下。奇术异能，歌舞百戏，鳞鳞相切，乐声嘈杂十余里。"至正月初七，"灯山上彩，金碧相射，锦绣交辉。"至十五、十六日，"诸幕次中，家妓竞奏新声，与山棚露台上下，乐声鼎沸。""华灯宝炬，月色花光，霏雾融融，动烛远近。"直到十九日才收灯。自十五日至十九日，"万街千巷，尽皆繁盛浩闹"，"城不禁"。

这个青春年少的白衣举子，第一眼就爱上了这座繁华都城：

禁漏花深，绣工日永，蕙风布暖。变韶景、都门十二，元宵三五，银蟾光满。连云复道凌飞观。耸皇居丽，嘉气瑞烟葱倩。翠华宵幸，是处层城阆苑。

龙凤烛、交光星汉。对咫尺鳌山开羽扇。会乐府两籍神仙，梨园四部弦管。向晓色、都人未散。盈万井、山呼鳌抃。愿岁岁，天仗里，常瞻凤辇。

《倾杯乐》

元宵灯节，汴京城内，烟花如雨，车水马龙，火树银花，流光溢彩。柳永看到了与民同乐、共赏灯景的宋真宗，朱袍玉带的达官贵人，看到了闭月羞花的东京仕女，闲逸散淡的市井小民。望着满城璀璨的灯火楼台，还有灯光里人们忽明忽暗的脸庞，这个初入繁华红尘的书生忽然爱上了这片不夜的都市天空，这片光影恍惚迷离的世界。

夜幕降临，花气薰然，筝起弦响，华灯初上；锦绣山河，霓虹里，蕙风渐暖，纯净安然。好一派元宵月夜灯火，怎让人不为之倾倒、痴狂？

顺着旖旎的灯火放眼望过去，远处，宫门前的复道耸入云端，亭台楼阁凌空飞架，更是气象万千，尽显帝都风范。定睛看去，宫禁大内的楼台殿阁雄伟壮丽，祥瑞之气蓊茏葱郁，真正是天子行止之处，犹如神仙居所，自是美得无法形容。

那夜，龙凤火烛的光亮与天上闪烁的银河交融在一起，东京城的每个角落在他眼里都沐着一种神秘绚美的色彩。转身间，看那堆砌成巨鳌形的彩色灯山，宛若孔雀开屏般绚丽，心中不禁迷惑，这到底是人间还是仙境，抑或本就是人间胜过仙境？

喧闹的人群里，无数衣着艳丽的青年男女缓缓地从他眼前走过。正兴奋时，又看到乐府教坊司的两籍舞队纷纷炫舞而出，好像是天上神仙来人间欢会？尚未缓过神来，梨园子弟又奏响了金石丝种四种乐器，为这美妙夜晚更添一抹风情。那些传说中的汉唐盛世也不过如此吧？

所有人都陶醉在无边的月色灯景里，直到天色向晓，仍是依依不舍，不愿离去。回眸，灯火阑珊处，元夕观灯的人群久久未散，就连远处的山山水水也似乎跟着手舞足蹈。只愿以后年年的元宵之夜，都能在天子仪仗队伍中看到当今圣上的车驾，有机会能一睹天颜。

那一夜，他醉了。都城汴京的繁华盛景，上元节灯火的绮丽绚烂，大宋朝廷的皇家威仪，平民百姓的热情和痴迷，令他深深沉醉。

他喜欢这样的画面与环境。千家万户张灯结彩，彩灯耀眼夺目充满着整个京城，令人目不暇接，他在尽情地享受着这视觉的盛宴。街上的行人摩肩接踵，他相信所有的人都与他一样，为赏灯而来，灯花撩燃，放眼望去，整个汴京城犹如白昼，又恰似一夜催生了数不尽的花朵，花朵的芳香在无形中扑鼻。

据说这首《倾杯乐》词后来流传甚广，甚至传到了朝廷深宫之中。连大宋皇帝都听说了。叶梦得《避暑录话》卷下云:"(柳)永初为上元辞,有'乐府两籍神仙,梨园四部弦管'之句,传入禁中,多称之。"

同是写元宵观灯,柳永还有一首《迎新春》:

嶰管变青律,帝里阳和新布。晴景回轻煦。庆嘉节、当三五。列华灯、千门万户。遍九陌、罗绮香风微度。十里然绛树。

鳌山耸、喧天箫鼓。渐天如水,素月当午。香径里、绝缨掷果无数。更阑烛影花阴下,少年人、往往奇遇。太平时、朝野多欢民康阜。随分良聚。堪对此景,争忍独醒归去。

——《迎新春》

嶰管:以嶰谷所生之竹而做的律本,大概相当于现在的定声器。"青律"是青帝所司之律,在我国古代神话中青帝为司春之神,"嶰管变青律"也就是冬去春来的意思。

绝缨掷果,"绝缨"指扯断结冠的带。据《韩诗外传》卷七载:"楚庄王宴群臣,日暮酒酣,灯烛灭。有人引美人之衣。美人援绝其冠缨,以告王,命上火,欲得绝缨之人。王不从,令群臣尽绝缨而上火,尽欢而罢。后三年,晋与楚战,有楚将奋死赴敌,卒胜晋军。王问之,始知即前之绝缨者。"掷果,《晋书·潘岳传》:"岳美姿仪,辞藻绝丽,尤善为哀诔之文。少时常挟弹出洛阳道,妇人遇之者,皆连手萦绕,投之以果,遂满车而归。时张载甚丑,每行,小儿以瓦石掷之,委顿而反。岳从子尼。"这里的"绝缨掷果"应是指少男少女互相挑逗调情。

冬去春来,天气变暖,京都到处充满阳和之气。晴朗的日光唤回了温煦和暖的好天气。庆祝元宵节时,千家万户都挂上了彩灯。汴京城内都是欢度佳节的人群,绮罗丛中扇起阵阵香风。十里花灯如珊瑚般美丽。

装饰有彩灯的鳌形假山耸立着,箫鼓乐声震天轰响。渐渐地天水一色,月亮正当中天。街道里，青年男女绝缨掷果，调情狂欢。到了夜深的时候，少年男女往往在竹阴花影下，谈情说爱。天下太平的时候，朝廷和民间都欢娱快乐，百姓生活安乐富足。随处都可以举行美好的聚会。面对这种美景，怎么忍心独自离去？

"好美呵！快看。"一个青衣女子纤指指向天空，天空中此时燃起一条由灯组成的长龙，甚为壮观。她淡施胭脂，长发披肩，红袖在风中摇曳。柳永回头看着她，笑了。她的脸上掠过一片红晕，低头离开。等到他从人群里面出来的时候，那女子早已消失在人海里。他只能长叹。前面的灯光下，无数的青年男女在嬉笑，还有两两牵手的情人！

他苦笑一声，转身回走。夜过子时，他必须回去了。床上，年少的柳永辗转反侧，人群中只是那惊艳的一瞥，就让他产生了相思。脑中到处都是她那妩媚的脸，耳旁都是她动听的笑，却难以入睡。于是提笔写下了一首词《迎新春》。

词中不仅有元宵节里千门万户悬挂的"华灯"、铺排绵延十里的"绛树"、华丽高挺的"鳌山"和"喧天"的"箫鼓"，在这个"城不禁"的日子里，还有青年男女的种种"奇遇"。正是这些美丽奇遇让元宵之夜格外绮美纷呈，魅力十足。

宋时清明时节不仅是祭祀先人，更是佳丽浪子冶游的极好机会。

孟元老《东京梦华录》卷七中《清明节》记载："寒食第三日，即清明节矣。凡新坟皆用此日拜扫。都城人出郊……士庶阗塞诸门，纸马铺皆于当街用纸衮叠成楼阁之状。四野如市，往往就芳树之下，或园囿之间，罗列杯盏，互相劝酬。都城之歌儿舞女，遍满园亭，抵暮而归。各携枣锢、炊饼、黄胖、掉刀、名花异果，山亭戏具，鸭卵鸡雏，谓之'门外土仪'。轿子即以杨柳杂花装簇顶上，四垂遮映。"

桐花烂漫，乍疏雨、洗清明。正艳杏浇林，缃桃绣野，芳景如屏。倾城。尽寻胜去，骤雕鞍绀幰山郊坰。风暖繁弦脆管，万家竞奏新声。

盈盈。斗草踏青。人艳冶、递逢迎。向路傍往往，遗簪堕珥，珠翠纵横。

欢情。对佳丽地，信金罍罄竭玉山倾。拚却明朝永日，画堂一枕春醒。

——《木兰花慢》

  清明时节风和日暖，百花盛开，芳草芊绵，人们习惯到郊野去扫墓、踏青。这首《木兰花慢》生动地描绘了汴京郊外清明时节的旖旎春色和游冶盛况，再现了宋真宗、仁宗年间社会升平时期的繁胜场面。是一首典型的"承平气象，形容曲致"之作。

  "紫桐"即油桐树，三月初应信风而开紫白色花朵，因先花后叶，故繁茂满枝，最能标志郊野清明的到来。一个"拆"字，写尽桐花烂漫的风致。经过夜来或将晓的一阵疏雨，郊野显得特别晴明清新。"艳杏"和"缃桃"色彩艳丽，以"烧"和"绣"两个动词，突出春意最浓时景色的鲜妍如画。人们带着早已准备好的熟食品，男骑宝马，女坐香车，到郊外去领略大自然的景色，充分享受春天的观乐。"雕鞍"代指马，"绀幰"即天青色的车幔，代指车。万家之管弦新声大大地渲染了节日的气氛。一幅生机盎然的清明踏青游乐图出现在眼前。

  在这富于浪漫情调的春天郊野，青春女子的欢快与放浪，为节日增添了浓郁的趣味和色彩。"盈盈"形容轻盈体态，她们占芳寻胜，玩着传统的斗草游戏。踏青中最活跃的还是那些歌舞女们。她们艳冶出众，尽情地享受着春的欢乐和春的赐与。作者以"向路傍往往，遗簪堕珥，珠翠纵横"，衬出当日游人之众，排场之盛，同时也暗示这些游乐人群都来自豪贵之家。欢乐的人们饮尽樽里的美酒，其醉如玉山之倾倒。"罍"为古代酒器，即大酒樽。

  "拚却明朝永日，画堂一枕春醒"，这些欢乐的人定是拚着明日醉卧画堂，今朝则非一醉不休。这首词受到时人的喜爱。据宋人王明清《挥尘后录》载："王彦昭好令人歌柳三变乐府新声。又尝作乐语曰：'正好欢娱歌叶树，数声啼鸟；不妨沉醉拼画堂，一枕春醒。'又皆柳词中语。"人们做诗填词都爱引用柳永的词句。

清明时节，一场疏雨洗去浮华冶艳，更别具风情，清新迷人。油桐花如火如荼地开在季节的枝头，烂漫、妖娆，醉了青天，醉了白云，更醉了他游子的浪漫情怀。娇艳的杏花随风摇曳，红得仿佛烧红了林野；浅红的桃花更是宛若锦绣，难以描摹。正是芳景如屏画，此情只应天上有。

正是赏春好时节，汴京城的男男女女，无论贵贱，皆扶老携幼，骑着宝马、坐着有天青色车幔的香车，倾城而出，尽到郊野领略大自然的旖旎风光，享受着春天带给他们的喜悦与欢愉。清风过处，暖了繁弦脆管，侧耳聆听，却道是万家竞奏新曲，好不惬意。

转身，他又看到了她，看到了那一群衣锦绣着绫罗的女子。她们旁若无人地玩着传统的斗草游戏，尽情领略着春天的美丽与清新，却对这样一位风流倜傥的俊俏男子视若无睹。她们个个生得艳冶出众，在他眼前肆无忌惮地欢笑，嬉戏打闹，哪怕将玉簪、耳坠、珠翠遗落路旁，却继续玩得欢快无比，春光四射。

她们最终还是走了，一个个望着他掩口而笑，次第而去。那离去前回眸时的秋波让这书生一时为之惊艳、酥倒。词人在佳人们刚刚流连的芳草地上盘腿坐下，饮尽一樽美酒，直喝到陶然大醉，有如玉山之倾倒，才摇摆着身子，依依不舍地起身，继续沿着春天的小径，做一个与春天约会的快乐人。

走走停停，停停走走，这一路游兴正浓，心情欢畅。怕什么？人生苦短，今朝有酒今朝醉。即便喝到烂醉如泥又能怎样？只不过拚着明日醉卧画堂罢了！

他醉了，醉在了千年前的汴京城外，那一片游春踏青的人间仙境。

他也许在梦中又见到了那些盈盈美好的佳人们；也许梦见了繁华喧嚣的汴京城；也许梦见了那个大宋王朝至尊帝王宋真宗赵恒，正是他写下了"书中自有黄金屋，书中自有颜如玉"，正是他激励天下士子们十年寒窗苦读，然后从全国各地齐聚东京，应试科举。

这位帝国的君主能圆他一个金榜题名的美梦吗？

宋真宗赵恒在公元997年以太子继位。

景德元年（1004年），契丹人所建之辽朝入侵，宰相寇准力排众议，劝真宗御驾亲征。宋辽双方会战距首都东京（今河南省开封市）三百里外之澶渊，战争局势有利于宋。但因真宗惧于辽的声势，并虑及双方交战已久互有胜负，不顾寇准反对，以每年给辽一定金银为"岁币"于澶渊定盟和解，历史上称"澶渊之盟"。此后，北宋进入一个国家相对安宁、社会稳定的经济繁荣期。在他任内曾经发行过"交子"，这是世界上最早的纸币。

宋真宗在位二十五年，深受黄老无为而治影响，施政较为保守。他减免税赋；注意节俭，社会较为安定。当时还引入暹罗良种水稻，农作物产量倍增，纺织、染色、造纸、制瓷等手工业、商业蓬勃发展，贸易盛况空前，国家财力富足，使北宋进入经济繁荣期，史称"咸平之治"。宋真宗有时外出"观稼"。沿途百姓竟自发地欢呼"万岁"。在民间有"仁义天子"之称。他虽在后期有些沉迷于天书吉兆、封禅泰山之类的神道迷信活动，但总的来说还可称得上是一位守成之主。

而后继位的宋仁宗赵祯则知人善用，在位时期名臣辈出，国家安定太平，经济繁荣，科技文化发达。赵祯不光对人仁慈宽厚，对自己要求也是非常严格，生活简朴，勤于政事。他在位长达四十二年，使北宋王朝的国力达到鼎盛时期。

柳永一生就生活在真宗和仁宗两朝。对于这样的帝王，柳永自然寄予了厚望。清明时节，柳永和友人又来到了金明池畔。

露花倒影，烟芜蘸碧，灵沼波暖。金柳摇风树树，系彩舫龙舟遥岸。千步虹桥，参差雁齿，直趋水殿。绕金堤、曼衍鱼龙戏，簇娇春罗绮，喧天丝管。霁色荣光，望中似睹，蓬莱清浅。

时见。凤辇宸游，鸾觞禊饮，临翠水、开镐宴。两两轻舠飞画楫，竞夺锦标霞烂。罄欢娱，歌鱼藻，徘徊宛转。别有盈盈游女，各委明珠，争收翠羽，相将归远。渐觉云海沉沉，洞天日晚。

——《破阵乐》

清明节过后，端午节之前，汴京有一个非常重要的节庆活动：金明池争标。

柳三变写金明池争标的这首《破阵乐》成为他的重要成名作。"山抹微云秦学士，露花倒影柳屯田"和"露花倒影柳屯田，桂子飘香张九成"（叶梦得《避暑录话·卷下》），一直脍炙人口。"露花倒影"四字，就出自这首词。

带露的花朵在水中映出了倒影，池中碧水点缀着一片薄雾中的青草，金明池的水波荡漾出淡淡的暖意。垂柳呈现出一片金黄色，在风中摇曳。远远望去，对岸系着供皇帝乘坐的龙舟与准备供戏游用的彩船。长有千步之远的虹桥，其台阶高低排列如雁齿般整齐，一直延伸到水殿。在柳树堤旁，水中鱼虾聚散嬉闹着。那里聚集着一群穿着罗绮绸缎、打扮光鲜娇妍的女子，身边丝管乐声喧天。那些薄雾中的光鲜景象，一眼望去好像蓬莱池水一般清澈。

时而会看见皇帝出游于此，举杯与群臣共饮禊宴酒。在清碧池水畔，开设御宴。数叶扁舟画楫如飞，夺锦榍之戏的场面就像彩霞般烂漫。游人尽情欢娱，歌颂《鱼藻》佳曲，乐声婉转动听。时有轻盈美好的女子，每个人都佩垂着明珠，争着去拾河岸边的翠羽，渐渐走远。傍晚，高远空阔的天空渐渐昏暗起来，金明池上巍峨精美的殿台楼阁，渐渐笼罩于一片暮霭沉沉之中，宛如神仙所居住的洞府一般。

北宋时的金明池，又称西池或天池，在东京顺天门外道北，与琼林苑南北相对，为东京四大园林之一。每年三月一日至四月八日，金明池开放，在这里举行水戏表演和龙舟争标，是东京最繁华热闹的去处之一。据《东京梦华录》记载，金明池"在顺天门外街北，周围约九里三十步，有面北临水殿，车驾临幸，观争标，锡宴于此"。

时值政治清明，社会升平，赵祯被册立为皇太子，预示国运兴隆。这首词把太平盛世朝野之笑语欢声形容曲尽,使人如临其境,如见其时。这首词充分体现了柳永慢词"层层铺叙,情景兼融,一笔到底,始终不懈"的特色,堪称用词画就的"清明上河图"。

柳永的这些都市风情词,主要描写了北宋京城欢庆佳节的盛况,却真实地再现了物阜民康的太平景象。据宋人祝穆《方舆胜览》记载,范蜀公尝曰:"仁宗四十二年太平,镇在翰苑十余载,不能出一语咏歌,乃于耆卿词见之。"这位范蜀公时为翰林院学士范镇,曾与欧阳修、宋祁共修《新唐书》。他就叹息自己在翰林院供职十多年,竟然没有为宋仁宗四十二年太平盛世写一句歌词来称颂。不过,现在终于在柳永的词中见到了隆宋治世的升平气象。

在柳永这些书写都市生活风情的词中,对北宋初年太平气象的描绘可以说达到了极致,还没有谁能像柳永那样由衷赞美和歌颂自己所处的时代和盛世。主旋律题材的词要写得好,不仅需要足够的才气,更要有发自内心的激情和灵感,有一种真实的时代情怀。他的词中,没有后来辛弃疾笔下的"那人却在灯火阑珊处"的孤独落寞,更没有李清照"不如向,帘儿底下,听人笑语"的冷清凄凉,仿佛是一幅幅隆宋治世东京元宵节的都市风俗画。

现代学者陈寅恪先生曾经说:"中国文化造极于赵宋之时。"北宋的社会经济文化发展繁荣持续了一百多年,而柳永所处的真宗、仁宗两朝,无疑是它最为辉煌的时期。这个时候的大宋王朝国力正处于上升时期,充满了一种蓬勃的生气和活力。作为一位真情流露的大宋粉丝,柳永深深地热爱着这个正在走向富庶与升平的时代。

第二章

才子词人：春烟销魂帝都游

世间尤物意中人,轻细好腰身

如此让"八荒争凑,万国咸通"的盛世都市里,街巷纵横交错;宝马雕车,络绎不绝,熙熙攘攘的人群川流不息,琳琅满目的店铺林立大街,吆喝叫卖的声音不绝于耳。酒馆茶楼的王孙公子狂饮烂喝醉生梦死,秦楼楚馆的红衣翠袖浓妆艳抹宛若仙子,彼此召唤,让汴京城沸腾起来。

据《东京梦华录》载:东角楼"街南桑家瓦子,近北则中瓦,次里瓦,其中大小勾栏五十余座。中瓦子莲花棚、牡丹棚,里瓦子夜叉棚、象棚最大,可容数千人。"在酒楼、平康诸坊和瓦肆设置市井歌舞伎,是宋代歌伎制度的重要组成部分,为朝廷所认可。

来自遥远崇安小城的才子柳永徜徉街头,深深沉醉在京城的繁华景象里。这个少年才子爱上了这座如花的锦绣都城,那些轻轻浅浅的曼妙之音。就是这灯红酒绿、光怪陆离的京都,就是这令人沉迷的温柔乡,让这位骨子里浪漫风流的年轻才子柳永,很长时间里流连于风月场里,还将这样的生活写进了词里。

梦灯火繁华,听绮罗婉转,轻吟一曲曲清丽的小令,淡看烟花绽出月圆。谁懂他的潦倒,谁又知晓他的骄傲,这个把白衣当作习惯的柳七郎,与红粉佳人相伴,在珠帘背后用一生画出不一样的精彩。

柳永寻访着一条条街市陌巷,流连于那秦楼楚馆、勾栏瓦肆。不经意间,他拐进一条小巷时看到了她，一个世间绝美的女子，让他目光停驻在她身上：

世间尤物意中人，轻细好腰身。香帏睡起，发妆酒酽，红脸杏花春。

娇多爱把齐纨扇，和笑掩朱唇。心性温柔，品流详雅，不称在风尘。

——《少年游》

无疑，这是一位腰身轻细、容貌绝美的世间尤物，尤物就是特别之物，正合自己的心意。她刚刚从香帷中睡醒起床，经过一番精心打扮，脸生红晕，犹如饮过烈酒，好似一朵放春意娇红杏花。

娇俏可爱的她手执一把齐纨扇，笑的时候会轻轻地遮住红唇。她心性温柔，秉性娴雅，哪像是风月女子。

除了这个轻细好腰身的"世间尤物意中人"，还有一位"香靥融春雪，翠鬓軃秋烟。楚腰纤细正笄年"的女子：

香靥融春雪，翠鬓軃秋烟。楚腰纤细正笄年。凤帏夜短，偏爱日高眠。

起来贪颠耍，只恁残却黛眉，不整花钿。

有时携手闲坐，偎倚绿窗前。温柔情态尽人怜。画堂春过，悄悄落花天。最是娇痴处，尤殢檀郎，未教折了秋千。

——《促拍满路花》

这女子肤白似雪，脸上乍现两个浅浅笑涡，似能融化春雪。一头乌黑长发如秋日云烟般飘逸，楚腰纤细、身材苗条的她年龄十五正当成年。深闺里春夜苦短，一直睡到日上三尺。醒来后只是贪爱玩乐，管他眉黛已残，花钿不整。

时常或携手闲坐，或依偎窗前。温柔情态尽人皆爱。深春已过的画堂前，又迎来了悄然花落的初夏。最是天真可爱的是，她沉迷于与檀郎的欢情，不让拆下秋千,她荡秋千还没玩够呢。

这少女娇艳而任性,活泼动人,惹人怜爱。

> 有个人人,飞燕精神。急锵环佩上华裀。促拍尽随红袖举,风柳腰身。簌簌轻裙。妙尽尖新。曲终独立敛香尘。应是西施娇困也,眉黛双颦。
> ——《浪淘沙令》

"人人"是古时亲昵的称呼,今天的叫法就是"小可爱"、"小可人儿"。这位小可人儿有点儿赵飞燕的模样和神韵气质,伴着急促动听的佩环声,她翩翩起舞于华丽舞毯上;紧骤的拍子随着红袖飘舞而起。她的腰身如风摆杨柳般柔软飘逸,所唱歌词极尽尖新之妙,轻裙簌簌舞动。一曲终了,她敛步亭亭玉立,一双眉黛轻轻蹙起,有点儿当年西施娇弱之态。想必是她已然有些困倦了吧。

> 淡黄衫子郁金裙。长忆个人人。文谈闲雅,歌喉清丽,举措好精神。
> 当初为倚深深宠,无个事、爱娇嗔。想得别来,旧家模样,只是翠蛾颦。
> ——《少年游》

柳永时常想念的这小可爱:她身穿淡黄色衫子和一条郁金黄裙。谈吐闲雅,歌声清亮,举止都极为动人。当初为了得到他的偎依和宠爱,无事也要做出佯嗔的娇态。想着离别以来,一定还是从前模样,只是黛眉深蹙,心怀思念。

莫非,是在想我柳七了吧?

柳永喜欢听歌听音乐。而听了好歌好乐便有些魂不守舍,还常常想见见唱歌的女子。那些美妙的旋律可以顺着血脉传到他的神经末梢,唤醒他深藏内心的激情。

> 帘下清歌帘外宴。虽爱新声,不见如花面。
> 牙板数敲珠一串,梁尘暗落琉璃盏。
>
> 桐树花深孤凤怨。渐遏遥天,不放行云散。
> 坐上少年听不惯。玉山未倒肠先断。
>
> ——《凤栖梧》

这是一次只闻其声、不见其人的特别体验。

一道帘帏隔成两个世界。一边是飘荡着音乐与歌声,一边是少年们猜拳行令的欢宴。清越的歌声穿过帘帏而来,让柳七的心顿时为之一动。这一刻他仿佛看见那唱歌的佳人如花面容。雅板轻敲,歌声如珠玉般温润流转。梁上积尘也悠悠落在那晶莹剔透的琉璃盘中。

那清越高亢的歌声,仿佛是桐花深处传来的一声孤凤鸣叫。穿透九天,响遏行云,久久不散。宴席上那长身玉立的少年不禁深深为之倾倒,酒未醉人而人自醉,一曲清歌枉断肠。

这柳七在醺然的醉意中,以白衣为裳,佩兰为剑,驾一叶扁舟途经一朵又一朵盛开的清莲,于天地寂静中,与那清歌的女子默然相对。

在《柳腰轻》中,他又这样精彩地描写佳人之舞:

> 英英妙舞腰肢软,章台柳,昭阳燕,锦衣冠盖,绮堂筵会,是处千金争选。顾香砌、丝管初调,倚轻风,佩环微颤。
>
> 乍入霓裳促遍,逞盈盈,渐催檀板。慢垂霞袖,急趋莲步,进退奇容千变。算何止、倾国倾城,暂回眸、万人肠断。
>
> ——《柳腰轻》

韩翃是唐"大历十大才子"之一，"春城无处不飞花"即出自他手。他曾经在李生的宴会上遇见柳氏。她只是一个歌伎，他也尚未闻名，只是他们一见倾心。婚后第二年，他新科及第，那天谁也没想，他们会分开那么久。适逢安史之乱，两京沦陷。为避兵祸，柳剪发毁形，寄居法灵寺。韩翃流落青州，从此天各一方。"章台柳，章台柳，昔日青青今在否？纵使长条似旧垂，也应攀折他人手"，孰不知，老天弄人，数年之后他与她再次相逢，只是，她已被藩将沙吒利劫走，宠之专房。最后还是唐肃宗出面把柳氏又归还与他，他与她的爱情才得以圆满。

昭阳燕指汉代的赵飞燕，她曾居昭阳宫。赵飞燕身轻如燕，传说能在人掌上起舞。

在柳永眼里，英英舞动的腰肢就如柳枝一般柔软纤细。而她起舞时的轻盈体态就像那能在掌上起舞的赵飞燕。无论是"锦衣冠盖"的官府宴集，还是富家筵席，都以千金争相邀请。

她回头看了看香阶，美目流转，顾盼生姿。这时，悠扬的音乐声响起来了，她凝神谛听。一阵微风拂过，她的罗绮衣裙就在轻风中飘动，而腰间的佩环也开始轻轻颤动。似乎能感到那空气中有流动着的音符，有轻歌曼舞的美妙倩影。她如瀑的长发随着飒飒裙角翩舞飞扬。

接下来，《霓裳羽衣曲》进入了节奏急促的片段，英英随着渐快的节拍尽情施展着柔美轻盈的身段，"慢垂霞袖，急趋莲步"，绣有云霞图案的水袖忽儿飞起，忽儿垂下，步步生莲般的舞步时急时徐，时进时退。舞者"奇容千变"，酣畅淋漓，姿态万千，如入无人之境。"倾国倾城"则是英英的美貌，一个"暂回眸"，写尽英英回眸间的惊鸿一瞥，令人荡气回肠。

可见，写歌写舞，柳永都能穷形尽相，语尽其妙。词这种文体，到了柳永手里如同长袖善舞，挥洒自如。

昨夜紫微诏下，急唤天书使者

  眼看要到大考之季，父亲柳宜自是不容许儿子有丝毫懈怠。来京数月，柳永与几位当红风月女子打得火热，这不能不让柳宜感到忧虑。

  如何能让三变收心向学？柳宜决定把儿子关在书房内，一日三餐皆由仆从通过窗台送进去。原以为如此这般，柳永便会一心向学，苦读圣贤书，以待来年大考。未曾料到，这柳永人虽在书房里，心却早在那些秦楼楚馆的歌儿舞女身上，下笔写出许多艳词来。

  不过，就在京城这几年，朝廷却迎来了一番天降祥瑞的热潮。景德五年（1008年）正月初三日，宰相王旦率群臣早朝完毕时，有司来报，称"有黄帛曳左承天门南鸱尾上"，宋真宗召群臣拜迎于朝元殿启封，号称"天书"。

  宋真宗还告诉群臣，去年十一月的一天夜半，有神人向他明示，只要在正殿建道场一个月，上天就会"降大中祥符天书三篇"。于是，金羽道士，君臣人等，吹吹打打，折腾了三十天，果然得到"天书"，上边还写有文字道："赵受命，兴于宋，付与恒（宋真宗名恒）。居其器，守于正。世七百，九九定。"

  当年五月，宋真宗再次梦见了神仙，神仙称六月上旬将在泰山上赐"天书"。果然，一份"其上有御名"的"天书"，出现在了泰山脚下的醴泉亭。有了这两份"祥瑞"，宋真宗终于爬到了泰山之巅。一时间，寰宇之内，献瑞之事层出不穷，直闹得风起云涌，不亦乐乎。仅亳州一地，就采来灵芝三万七千枝。同时，为安置"天书"，敬香诸路神仙，还大兴土木修筑了规模空前的玉清昭应宫。各地也建造了数以千计的宫观殿宇。

在此期间，有不少民间举子因歌咏祥瑞、进献颂词而赐第登榜。柳永得知后，写下了一首《巫山一段云》：

琪树罗三殿，金龙抱九关。上清真籍总群仙。朝拜五云间。
昨夜紫微诏下。急唤天书使者。令赍瑶检降彤霞。重到汉皇家。

玉树琼枝遍布于神仙居住的宫殿，龙形金铺首守护着天门。西王母居住的上清府有神仙名册，统领着群仙。群仙纷纷乘五色祥云前来朝拜。昨夜天帝下诏书，紧急呼唤传递天书的使者，传令馈赠天书降下祥瑞的云霞，重新赐予汉皇家。

有道是"圣人出，黄河清"。陕州地方官员也接连奏报"黄河水清"，预示天下大治。连晏殊也向皇帝进献了《河清颂》。

白衣举子柳永不甘落后，又蹭热度写了一首《巫山一段云》：

阆苑年华永，嬉游别是情。人间三度见河清。一番碧桃成。
金母忍将轻摘。留宴鳌峰真客。红猊闲卧吠斜阳。方朔敢偷尝。

词中说那阆苑里游玩的西王母长生不老，游玩却别有一番情趣。人间三千年见到黄河三次清澈，西王母的仙桃才成熟一次。西王母忍心将仙桃轻易地摘下，留着宴请龟山之峰的神仙食用。那红色多毛狗安闲趴伏着，面对傍晚的夕阳高叫不停。唯有岁星东方朔敢把仙桃偷尝。

> 昭华夜醮连清曙。金殿霓旌笼瑞雾。九枝擎烛灿繁星，百和焚香抽翠缕。
> 香罗荐地延真驭。万乘凝旒听秘语。卜年无用考灵龟，从此乾坤齐历数。
>
> ——《玉楼春》

大中祥符五年，宋真宗称"圣祖"赵玄朗将于十月二十四日"降圣"延恩殿。这一天，宫中通宵夜醮，真宗亲临道场迎候圣祖，并恭听了真君的秘训。这首词就描写了此事。

"昭华"，这里指音乐声。迎接神仙的乐曲声从夜里一直演奏到清晨。飘扬着各色旗帜的宫殿里，轻笼着祥瑞之气。晚上宫殿里燃起蜡烛，无数烛光灿烂如繁星。那袅袅燃烧的百和香里抽出一缕缕青烟，使得大殿内漫着一股神秘而肃穆的气氛。

宫殿内铺着芳香的丝绸地毯，敬请的神仙终于驭云降临了。皇上亲临迎接降圣的道场。"万乘凝旒听秘语"，"万乘"指皇帝宋真宗赵恒，"凝旒"指皇帝凝神静气，眼前的冕旒纹丝不动。天子宋真宗屏息静气，听着神仙对他传授仙家秘诀。从此，朝廷再也无须用灵龟去占卜了，大宋王朝的命运将与天地一样长久。

> 凤楼郁郁呈嘉瑞。降圣覃恩延四裔。醮台清夜洞天严，公宴凌晨箫鼓沸。
> 保生酒劝椒香腻。延寿带垂金缕细。几行鹓鹭望尧云，齐共南山呼万岁。
>
> ——《玉楼春》

这首词也是写宋真宗一朝迎天书、征祥瑞的情形，描绘了朝廷文武百官祈祷神仙降临的场面。

香气郁郁的楼观呈现出一派祥瑞气象。"降圣"是指宋真宗曾经梦中见到的九天司命天尊赵宣郎，又称"赵玄坛""赵公元帅"。他的降临广施恩泽及于四方边远之地。清夜时分,在神仙居住的洞天福地设下拜祭"降圣"的道坛。公卿高官齐聚宴通宵达旦,箫鼓声热烈如沸。文武百官戴上金缕延寿带,献上保生酒和椒香酒。而排列整齐的百官朝班如同鹓鹭行列一般,一起仰望着神明仁德的天子。上下齐呼万岁之声,恭祝圣上寿比南山。

眼见得朝野上下一片歌颂升平的热潮,宋真宗龙颜大悦,遂下诏改元为"大中祥符"(1008年)。同时,给罪人减刑;官员加薪;京城放假,五日欢宴,很是热闹。一时间,朝野上下争奏祥瑞,民间士子竞献赞颂者更是络绎不绝。这也就造成了北宋科举的一个特例,那就是在正常的礼部考试外另辟因献颂而赐第的"蹊径"。柳永写下不少这些颂圣词作,显然是有心投献于朝廷,以期"赐第"或是在将来的科考中得以晋身功名。

星闱上笏金章贵,重委外台疏近侍。百常天阁旧通班,九岁国储新上计。太仓日富中邦最。宣室夜思前席对。归心怡悦酒肠宽,不泛千钟应不醉。

——《玉楼春》

这篇颂圣之作写于宋真宗天禧二年(1018年)九月仁宗被立为太子时。柳永的这些颂圣词显然是以朝廷君臣为读者的。

"星闱",指朝廷。开篇说的是朝中大臣上了一则重要的奏章,被真宗欣然采纳。真宗疏远了亲信佞臣而重用外官,朝廷重新起用了一批重臣。据《宋史·真宗本纪》载:"天禧二年(1018年)六月壬辰,诏三班使臣经七年者考课迁秩。己亥,诏诸州上佐、文学、参军谪降十年者,听还乡。秋,七月壬申,以星变赦天下,流以下罪减等,左降官羁管十年以上者放还京师。"由此可见,柳永词中所言确有其事。

"九岁国储新上计"一句写的是宋真宗立太子事。《宋史·真宗本纪》载:天禧二年(1018年)八月庚寅,群臣请立皇太子,真宗从之。甲辰,立皇子升王赵祯（即仁宗）为太子。大赦天下，宗室加恩，群臣赐勋一转。九月丁卯，册封为皇太子。

"太仓日富中邦最"，京城粮库储备日益富足，为国中之最。据李焘《续资治通鉴长编》载，大中祥符三年（1010年）八月，"诏近臣观书龙图阁，上阅《元和国计簿》。三司使丁渭进曰：'唐朝江淮岁运米四十万至长安，今乃五百余万，府库充足，仓库盈衍'……"九月，"江淮发运使李溥言：今春运米六百七十九万石，诸路各留三年支用"。这些都证明柳永词中所言非虚。

"宣室夜思前席对"，用汉文帝召见贾谊典故，称颂真宗礼贤下士，擢用人才。由于宋真宗对大臣的见解非常赏识。故而这臣子回来之后心情非常愉快，酒量也似乎"千钟不醉"了。天子如此圣明，臣下自然是"归心怡悦酒肠宽，不泛千钟应不醉"。

柳永这些用于投献的颂圣词，大多写得中规中矩。不过，对于当时正在冉冉上升的宋朝国势来说，也不能算是违心之语。正值青春上进的年纪，饱读圣贤书的柳永当然也关心国事，积极寻求仕进之路。

才子词人，自是白衣卿相

直到今天，很多文人都自称最喜欢宋朝，最希望生活的朝代是大宋王朝。比如金庸，比如余秋雨。

宋朝以武力而得天下，却成为了一个令后代士人十分企慕的文官政府。而宋朝之所以让今天的文人流连神往，是因为赵宋王朝有过"不杀文人"的祖训，文人士大夫的身份地位空前提升；并且还因为在大宋时代，一个社会底层的普通人可以通过科举考试，让自己"朝为牧田郎，暮登天子堂"。相传为北宋汪洙所作的《神童诗》，开头几句这样写道："天子重英豪，文章教尔曹，万般皆下品，唯有读书高。""满朝朱紫衣，皆是读书人。"所以，宋朝都堪称文人士大夫如鱼得水的时代。

少年柳永出生书香门第、仕宦家庭，祖父、父亲及兄弟都是儒学名士。从小饱读诗书，为人风雅，更兼巧工词章，才华非凡，人称"金鹅峰下一支笔"。宋真宗咸平五年（1002年），柳永第一次赶考时已经有些风生水起，从苏杭的《望海潮》、《木兰花慢》再到汴京的《破阵乐》，一时间名扬天下。无人不知有个才气横溢的柳三变。人们纷纷看好他的才华和前程，可谓是呼声极高。

这位自幼熟读经史文章、胸怀云水志向的年轻士子"自负风流才调"，自信"艺足才高"，"多才多艺善词赋"（《击梧桐》），以为考中进士、做个状元是唾手可得的事。

  尤红殢翠。近日来、陡把狂心牵系。罗绮丛中，笙歌筵上，有个人人可意。解严妆巧笑，取次言谈成娇媚。知几度、密约秦楼尽醉。仍携手，眷恋香衾绣被。

  情渐美。算好把、夕雨朝云相继。便是仙禁春深，御炉香袅，临轩亲试。对天颜咫尺，定然魁甲登高第。待恁时、等着回来贺喜。好生地。剩与我儿利市。

——《长寿乐》

  近日来和佳人缠绵亲昵，陡然间把放荡的念头栓系。在佳人丛中，歌舞酒宴上认识了这位佳人。她善于梳妆打扮，笑容美丽，随意说话间都显得无比娇媚。不知有几次，和她秘密相约于秦楼，饮酒作乐。醉后仍手拉手，沉湎于香衾绣被的销魂之中。

  夕雨朝云的欢会渐渐进入美妙时刻，却到了应试时分。春深时节的宫廷禁苑里，御香炉香烟袅袅，皇帝要亲自御前殿试。这样近距离面对天子，我一定能夺得进士第一，登上最高的状元等级。待到那时，等着我回来再贺喜吧！算是我给你的一份意外之喜。

  字里行间，可见其扬扬得意之状。

  让人意想不到的是，这位众人眼中的风流才子却惨遭落榜。一飞冲天的幻想在他脑中碎裂了。这一次，柳永并非是败在应考的成绩上。因为考试一结束，真宗皇帝就下了一道圣旨："读非圣之书，及属辞浮糜者，皆严遣之。"柳永爱好浮艳之辞，个性放浪不羁，自然不能入围。

  1017年，宋真宗天禧元年，朝廷举行科举考试。柳永再度辞别故乡远赴京城赶考。才华横溢、心比天高的柳永又以为金榜题名犹如探囊取物。却万万料不到会在科举考场一败再败，再次名落孙山。颜面扫地不说，人生的仕途前程更是一片迷茫。

  此后，宋真宗天禧三年（1019年），兄长柳三复也来到了京城。兄弟俩一起应试。柳三复上榜高中，而柳永却又落榜了。不久，那个喜欢制造天书之类吉兆的宋真宗赵恒去世，仁宗皇帝赵祯继位。第二年，科考又开。此时的北宋出现了人才辈出的局面。看着比自己小十几岁的宋庠宋祁兄弟都已要上场应试，年过不惑的柳永又动了应试之念。梦想还是要有的，再考一次吧，万一中了呢？宋真宗是不在了，但仁宗当时年岁还小，刘太后垂帘听政。刘太后对这次科考的懿旨是："留意儒推，务本理道。"结果，连宋祁的名次都没有高过哥哥宋庠，更何况是名声在外的柳永了。

宋仁宗天圣二年（1024年）、宋仁宗天圣五年（1027年），数次大考均以落选告终。一次又一次榜上无名，又没入君王的青眼，自视清高的柳永不禁从心底挤出一丝苦笑。看罢黄金榜的他缓缓转过身来，冷冷打量着那些喧闹的人群，那些大宋王朝的芸芸众生。头顶上阳光似乎格外刺眼，脚下却似踩着泥泞般沉重难行。柳永屡受打击，从此流连秦楼楚馆，在花柳丛中沉溺。这一曲《鹤冲天》，便生动形象地表露了柳永这种内心的激荡。

> 黄金榜上，偶失龙头望。明代暂遗贤，如何向？
> 未遂风云便，争不恣狂荡。何须论得丧？
> 才子词人，自是白衣卿相。
>
> 烟花巷陌，依约丹青屏障。幸有意中人，堪寻访。
> 且恁偎红倚翠，风流事、平生畅。青春都一饷。
> 忍把浮名，换了浅斟低唱。
>
> ——《鹤冲天》

"黄金榜上，偶失龙头望。明代暂遗贤，如何向？"黄金榜上已然没有我的名字，没实现当状元的愿望实属偶然。清明时代也会遗漏我这样的贤才，今后的日子怎么办呢？"黄金榜"即"黄榜"，皇帝的文告用黄纸书写。这里指会试后发放的进士题名榜。"龙头"与"鳌头"同义，头名状元。"偶失龙头望"，一个"偶"字表明柳永对自己还是有信心的。"明代暂遗贤"，"明代"意思是圣君贤相、政治清明的时代，即自己所身处的时代。一个"暂"字，表明他虽然目前身处草莽之间，但迟早有一天会一飞冲天，一鸣惊人。既然时代暂时遗漏了我这还算有些才能的贤人，那我今后该怎么办呢？

"未遂风云便，争不恣狂荡。何须论得丧？""风云"是"云从龙，风从虎"之意，指明君贤臣意气相投，风云际会。这三句是说，既然未能实现风云际会的人生愿望，为何不放纵一下自己，自由自在，任意狂荡？何须在乎中举与落榜、失去与得到！

"才子词人，自是白衣卿相。"才华横溢的词人，独领风骚的才子，自然就是不着官袍、一袭白衣的公卿宰相。"白衣"，古代平民穿白衣，用以称无功名的人。

"烟花巷陌，依约丹青屏障。幸有意中人，堪寻访。""依约"即隐约。住着美貌歌女的烟花柳巷，隐约如绘画屏风，别有一番旖旎风光。幸而那里有我意中思念的美丽佳人，还值得让我这失意人去寻访一番。"且恁偎红倚翠，风流事、平生畅。"就这样与衣着鲜艳的她们相依相偎吧，风流韵事，让我一生都快乐欢畅。"青春都一饷。忍把浮名，换了浅斟低唱。"人生的青春短暂，转瞬即过。且忍心把对那虚浮功名的追求换成与歌女们一起浅斟低唱、纵情欢乐。

后世有一首流行歌曲《白衣》似乎专为柳永这位白衣卿相而作：

> 谁曾在城门深雨中，寻觅过我
> 雕得古拙的山水，夜把明月照
> 我留下传唱的歌谣多少
> 奉旨而挥的笔墨，每为罗绮消
> 谁懂我的潦倒谁又知我的骄傲
> 谁曾在烟花巷陌里，等待过我

开了又败的花墙，只剩下斑驳

我曾与过谁在花下欢笑

青瓷如水的女子，宁静中微笑

岁月静凋时才知道已不复年少

风吹开枯叶抖落了空蝉

掉在了开满牡丹的庭院

台上唱歌还要挂着珠帘

怎么可能让我的笔惊艳

在崇文偃武的大宋时代，读书人金榜题名就等于鲤鱼跃过了龙门，化为叱咤风云的巨龙，意气风发，走向未来灿烂的人生；而名落孙山则是读书人一生最大的挫折，甚至让人痛不欲生。痛定思痛，他们往往更加刻苦攻读，准备数年后再一次拼搏。可是柳永却意气昂然地写下了这首《鹤冲天》，相信"天生我材必有用"，表达了对自己才华的自信，对"浮名"的蔑视。

"黄金榜上，偶失龙头望。"他不说自己没考上进士，而说没有如愿以偿得中状元。他认为自己有能力得中状元，只是偶然失误才没有实现理想。由此可见柳永的自信。在参加考试前，柳永写了一首《长寿乐》词，说："对天颜咫尺，定然魁甲登高第！待恁时，等着回来贺喜。"自我感觉可谓意气风发，豪情万丈：以我柳三变之大才，取区区进士如同探囊取物耳！不但可以成功上榜，而且定然独占鳌头，考取第一名。

殊不料现实是残酷的，他不仅未中状元，而且名落孙山，高傲的心灵所受打击十分沉重。不过，难能可贵的是，虽然他痛苦失望，但对自己的能力却毫不怀疑。一句"明代暂遗贤"说那朝廷所遗漏的贤才正是自己。人称"盛世无遗贤"，在柳永看来未必如是。接着一句"如何向？"词人在思考今后的打算，将来怎么办哪？

"未遂风云便，争不恣狂荡。何须论得丧？"这三句中的激愤之气扑面而来，大有"仰天大笑出门去，我辈岂是蓬蒿人"的气势。既然不能博得君王赏识，那我就做个纵逸快活的自由人吧。何必计较那功名得失！既然朝廷不屑用我，词人便自勉要活得自由自在，恣意狂荡，以词名世，做个风流自在的"白衣卿相"。

自己一直向往那烟花柳巷的温柔乡，何况那里还有他喜爱的意中佳人值得再去会一会呢？就去那红巾翠袖之中去忘情流连吧，人生在世，青春又有几何呢？那些虚浮的功名利禄，哪能比得上我这"浅斟低唱""偎红倚翠"的快意人生呢？！

千百年前的城门深雨里，一个白衣洒脱的宋朝书生且行且歌，眼里仿佛总有着化不开的忧伤。一瞬间的恍惚，他神色黯然倚坐在栏杆，任凭栏外春雨渐起，沾惹着青檀色的瓦檐，凉意侵染着那一袭青纱长衫。

终于，这书生并没有绝望，在歌楼之中找到了一丝安慰。因为他说了这次落选，仍然是一次偶然，只是暂时地将自己这位贤人给遗落了。只要时机一到，自己绝不会"偶失龙头望"，不会"未遂风云便"，就会从一位"白衣卿相"变成一位名副其实的"紫衣卿相"。

词牌名《鹤冲天》寓意：不鸣则已，一鸣惊人；不飞则已，一飞冲天。对古代的士子们来说，科考落第的伤心是没有任何东西可以取代的。他们的第一生命是父母给的，第二生命则是科举给的。科举是支撑一个读书人源源不绝的动力，不用说是寒窗十年，就是一生穷经皓首，也在所不惜。

仔细吟读这首《鹤冲天》词，其实表达的不过是柳永科举失意后的一时激愤。只能算是牢骚话而已。然而这些牢骚话却因时人竞相吟诵传抄，竟传到了宫禁之中，让大宋的仁宗皇帝赵祯知道了。吟咏之余，不禁开始关注这个名叫"柳三变"的词人，尤其是对"忍把浮名，换了浅斟低唱"两句印象格外深刻。若干年后，柳永再次参加科举考试，并已考取了进士，但是宋仁宗赵祯在发榜公布前特意将"柳三变"的名字抹去，说："且去浅斟低唱，何要浮名！"

在历史上，宋仁宗赵祯其实是位宅心仁厚、深得民心的皇帝。作为一个守成之君，能守祖宗法度，性情温厚，格外讲究文治。他知人善任，也想解决当时社会存在的诸多弊端，他提拔重用了一大批对当时和后世都产生重大影响的人物，如范仲淹、司马光、晏殊、苏东坡、欧阳修等诸多俊才，算得上是文人的伯乐。他在位时期名臣辈出，算是一个有作为的皇帝。

他之所以如此对待柳永，自然是从为朝廷选拔人才的政治标准使然。纵情欢场、蔑视功名，就等于不愿为君王所用。这在古代是有悖于"忠君"之道的。无怪乎仁宗读后要不高兴了。南宋吴曾《能改斋漫录》说宋仁宗赵祯"留意儒雅，务本理道，深斥浮艳虚美之文"，可见仁宗不喜欢艳俗之词，不喜欢柳永放荡行径。细细品来，他斥责柳三变的这句话也颇有些幽默感。但对柳永来说，对于这种幽默恐怕也只能苦笑了。于是，这位风流才子接过了仁宗皇帝的这句调侃，自称是"奉旨填词柳三变"。

这段逸事见于吴曾《能改斋漫录》卷十六："宋仁宗临轩放榜，视柳三变之名，忆彼《鹤冲天》词有'忍把浮名，换了浅斟低唱'之句，大怒，曰：'且去浅斟低唱，何要浮名！'乃黜落其功名。遂自称'奉旨填词柳三变'，留连坊曲。"宋末严有翼撰《艺苑雌黄》云："柳三变，字景庄；一名永，字耆卿。喜作小词，然薄于操行，当时有荐其才者，上曰：'得非填词柳三变乎？'曰：'然。'上曰：'且去填词。'由是不得志，日与嬛子纵游娼馆酒楼间，无复检约。自称云：'奉旨填词柳三变。'"

柳永精于音律，善为歌词，因长期与乐工歌伎等社会下层接触，使他找到了生命的价值，强化了他积极生活的信念。

有宋一代，商品经济发达，社会繁荣，民生比较富足，连守城门的老吏都穿丝帛靴袜。同时文化生活也异彩纷呈。北宋汴京，南宋临安，元代大都，都是瓦舍林立，笙歌不断的。歌舞、说书、杂剧等艺术亟需一些有较高文化素养的文人参加。因此，文人和民间艺术的结合常常能催生新的艺术形式和流派。

柳永当算是"下海"最早最出名的文人。而且他第一个在词中说出"才子词人，自是白衣卿相""忍把浮名，换了浅斟低唱"这样的话，鼓吹知识分子从上层社会的象牙塔里走出来。南宋叶梦得《避暑录话》记载："（柳永）为举子时，多游狭邪，善为歌辞。教坊乐工每得新腔，必求永为辞，始行于世，于是声传一时。余仕丹徒，尝见一西夏归朝官云：'凡有井水处，即能歌柳词。'"柳永的词远传高丽等国，也传入了宫中。连大宋仁宗皇帝闲暇饮酒时，都爱听侍女唱柳永的词。陈师道《后山诗话》云："柳三变游东都南北二巷，作新乐府，天下咏之，遂传禁中。仁宗颇好其词，每对酒，必使侍从歌之再三。"

当一扇门戛然关闭后，上苍却为他打开了一扇窗，改写他的人生轨迹。一只才气纵横、睥睨尘俗的鹤没有冲上梦想中的天庭，却寻找到了更适合自己的栖息之地，那里水草丰美，云淡风轻。

一位时代的歌手，真正的"才子词人""白衣卿相"开始闪亮登场。

这真是：

　　一步踏尽一树白，
　　一桥轻雨一伞开。
　　一梦黄粱一壶酒，
　　一身白衣一生栽。

帝里疏散，数载酒萦花系，九陌狂游

年少轻狂的柳七与散淡闲适的大宋相映成趣。

从某种程度上说，是科举催生了大宋王朝的遍地青楼。唐宋以来士子出入青楼，主要是出于一种精神宣泄。因为这些莘莘学子在苦读迎考、奔走投托的日日夜夜中，心理负担极重，精神上压力很大。而宋代城市商业经济的繁荣又提供了恰当条件和环境。而这些青楼里的歌舞女子吸引这些堪称是大宋王朝精英知识分子的，绝不仅仅是姿色。事实上，宋朝对她们的人文素质要求很高，必须通晓诗词歌赋、琴棋书画。一些当红的歌女从小就被精心培养。她们饱读诗书，擅长琴棋书画、精通诗词文赋，其才艺和文史功底甚至不在当世顶尖文人之下。所以，她们的品貌、学识、才智和艺术趣味非常出众。正是有这种知识素养和性情气质打底，才使得宋代无数文人墨客们流连其间，钦佩她们的锦心绣口和唱功舞技，纷纷引为红颜知己。

流连京都那些年里，街头的桃花都被歌女们的胭脂水洇红了，柳永便开始粉墨登场。他走进市井巷陌，亲近青楼红粉，沉迷于管弦歌舞，畅怀于填词作曲。他将自己的生命热力与能量全耗散于那些情爱和词曲之中，在夜夜笙歌中消磨自己的才气和时光。柳词中所说的那种偎红倚翠、浅斟低唱的生活方式，后来真的都一一实现。

宋人叶梦得《避暑录话》中说："(柳永)为举子时，多游狭邪。善为歌辞，教坊乐工每得新腔，必求永为辞，始行于世，于是声传一时。"

据宋人罗烨《醉翁谈录》丙集卷二记载："耆卿居京华，暇日遍游妓馆，所至，妓者爱其有词名，能移宫换羽，一经品题，声价十倍，妓者多以金物资给之。"

上面两段话很有名，凡是人们提到柳永时被广泛引用。可见，柳永流连于市井青楼，为教坊乐工和歌伎作词，既是因个人喜好和擅长作词而游于艺，也是出于落第后穷困潦倒的谋生之需。

这一时期，他和青楼女子们的交游十分广泛。柳永对此在词中也有过描写：

误入平康小巷，画檐深处，珠箔微褰。罗绮丛中，偶认旧识婵娟。翠眉开、娇横远岫，绿鬓軃、浓染春烟。忆情牵。粉墙曾恁，窥宋三年。

迁延。珊瑚筵上，亲持犀管，旋叠香笺。要索新词，赠人含笑立尊前。按新声、珠喉渐稳，想旧意、波脸增妍。苦留连。凤衾鸳枕，忍负良天。

——《玉蝴蝶》

在一次歌舞宴席上，柳永无意间认出了暗恋自己多年的一位娇美多才、美如婵娟的歌女在平康坊小巷，在有画饰屋檐的青楼深处，珠帘微微撩起。众多粉黛丛中，柳永认出一位旧日相识的美貌女子。她的黛眉舒展如一抹横斜的远山，下垂的乌亮头发浓密凝厚，犹如被染上春日云烟。这引发了我的追忆。当初她对我的爱慕，就如当年东邻女爱慕宋玉一样，攀上墙头观望三年之久。

她起初有些犹豫徘徊，亲手持管笔，又折叠香笺，娇柔人儿含笑婷立于席桌前，向柳永索要新词。并很快照着新词动情地唱了起来，歌声如珠落玉盘般动听。她脸上娇妍无比，一定是想起了昔日情意。

最后，在苦苦挽留下，词人被这位美貌婵娟的娇媚、才艺、痴情执着所征服，双双堕入爱河。

在柳永的笔下，描绘歌女舞姬美貌身材的词句比比皆是："如描似削身材，怯雨羞云情意"(《斗百花》)、"层波细翦明眸，腻玉圆搓素颈"(《昼夜乐》)、"天然嫩脸羞蛾，不假施朱描翠，盈盈秋水"(《尉迟杯》)等等。而这种绮丽浮艳的生活场景在他的词作中经常出现："暗想当初，有多少幽欢佳会。"(《曲玉管》)"未名未禄，绮陌红楼，往往经岁迁延。"(《戚氏》)"追思往昔年少，继日恁，把酒听歌，量金买笑。"(《古倾杯》)

秀香家住桃花径。算神仙、才堪并。层波细翦明眸，腻玉圆搓素颈。爱把歌喉当筵逞。遏天边，乱云愁凝。言语似娇莺，一声声堪听。

洞房饮散帘帷静。拥香衾、欢心称。金炉麝嫋青烟，凤帐烛摇红影。无限狂心乘酒兴。这欢娱、渐入佳境。犹自怨邻鸡，道秋宵不永。

——《昼夜乐》

秀香是一位才貌俱佳的歌女，居住在桃花染红的幽径深处。她的一双明眸如水波裁剪，雪白圆润的颈项像用细腻的白玉搓成。她的歌声响彻云霄，令行云停滞。说话声如娇莺啼叫，声声悦耳动听。柳七和秀香"拥香衾、欢心称"。不料，两情欢悦时天却亮了。他抱怨"渐入佳境"的欢娱被邻里鸡鸣声所干扰，叹秋夜时光太短暂。可见，他是深深沉溺在"偎红倚翠"的生活之中了。茫然中，是这些沦落风尘的女孩子走过来扶住了他的肩头，牵住了他的双手，慰藉他那一颗失落惆怅的心灵。

他还写下一阕《如鱼水》来书写郁结的心事：

帝里疏散，数载酒萦花系，九陌狂游。良景对珍筵恼，佳人自有风流。劝琼瓯。绛唇启、歌发清幽。被举措、艺足才高，在处别得艳姬留。

浮名利，拟拚休。是非莫挂心头。富贵岂由人，时会高志须酬。莫闲愁。

共绿蚁、红粉相尤。向绣幄，醉倚芳姿睡，算除此外何求。

她们纤柔的指尖曾轻抚过柳永的额发，柔软的身体温暖过他的心。浅斟低唱里，他让失落的泪水痛痛快快地滑过脸庞，那红袖里的纤纤素手会轻轻为他拭去。而柳永也在她们的温情抚慰中得到了极大的心理安慰，也得到了创作灵感。

歌女们和柳永的互动亲密融洽，组成了一个以浪子柳永为作词编导，一群歌儿舞女为演员、歌手的才子佳人组合，红透了大宋汴京的半边天。

有人说，宋词是上天赠给多情女子最动听的情话。柳永的词尤其如此。其实，不只是对虫娘，那些"小楼深巷"、罗绮丛中的歌女们也深深爱慕柳七的才华与真情，有道是："不愿君王召，愿得柳七叫；不愿千黄金，愿得柳七心；不愿神仙见，愿识柳七面。"

因为柳永理解她们的心，同情她们的遭遇。他尊重她们，怜惜她们，他牵她们的手，他以温暖的胸怀拥抱她们，他含情脉脉地凝视着她们，他真心真意地赞美她们，他热情地为她们作词，他还把她们比作清水芙蓉、海棠、梅花。在她们眼中，柳七郎就是她们崇拜的偶像，能见上一面，自己的名字被他叫一声，都是一种幸福和感动。如果赢得柳七的心，能为自己填上一首词，也许自己就能走红。

柳永遍游秦楼楚馆。歌女们都争相迎接。她们爱其词名，并且他为谁赋词，谁的身价就长了十倍。她们便倾其所有，争着送其钱财，让他为自己作词写歌。他经常出入京城"三朵名花"陈师师、刘香香、钱安安的香闺。她们常常吟唱柳词，并支付给他"润笔费"。这无疑给柳永创造了得天独厚的环境，使他成为最早的"职业词人"。

据说，有一日，柳永经过丰乐楼，忽听楼上有人喊"柳七官人"。抬头一瞧，正是歌女张师师。这女子俏而聪敏，酷爱填词，与柳永甚密。柳永上楼来，师师责之曰:"你准备到哪里去呀,路过这儿也不来见个面?你现在手头还拮据吗?我可以帮帮你,我房里也空着,专为等你来。怎么今天见了面,就再为我填一首词吧!"柳永说:"唉,过去的事就不说了,我来为你填一首吧。"他正欲写词,忽闻有人登楼来,赶紧把花笺藏于怀中。定睛一看,原来是另一位歌女刘香香来了。

香香以前也曾多次资助柳永。她听说柳永来了,也赶来凑热闹。她叮嘱柳七也要为其作一首。柳永只好拿出花笺,正在想。又有人来,原来是又一位歌女钱安安。安安笑着问:"柳七莫非在填词吗?"柳永说:"正被你二位姐姐所苦,令我作词",安安说:"那我幸好赶来了。"

柳永举笔,一挥而就,第一句:"师师生得艳冶",香香、安安俱不乐,欲攫其纸。柳永便再书第二句:"香香于我情多",安安嗔曰:"无我矣!"遂扯纸愤然欲去。柳笑而复书第三句:"安安那更久比和,四个打成一个。"然后接着写道:"幸自苍皇未款,新词写处多磨,几回扯了又重接,三女中间著我。"(注:"三女"即繁体字"姦"。)四人开宴欢聚。

曲名为《西江月》。师师,香香,安安都很高兴,三女一同开宴款待柳七。师师即席借韵和了一首《西江月》:

一种何其轻薄,三眠情意偏多,飞花舞絮弄春和,全没些儿定个。

踪迹岂容收拾,风流无处消磨。依依接取手亲接,永结同心向我。

柳永见师师和词,心中大喜,尽兴而饮。香香对安安说:"师师姐姐既有高词,吾已醉,可相同和一词。"

安安和道:"谁道词高和寡,须知会少离多。三家本作一家乐,更莫容他别个。且恁眼前同乐,休将饮里相磨。酒肠不奈苦揉挼。我醉无多酹我。"

和词既罢,柳永起身告辞。三歌女一同说:"有空多来走走,不要像以前那样一去就好长时间不复见面。"柳永笑着下了楼。

据说这师师正当十八芳龄，颇懂诗词歌赋。她因爱柳词，将收集到的柳词抄写成一本《柳七新词》广为传唱。柳永和她可谓是文字知己。才貌双全的师师尤爱他一表人才，文采出众。两人虽未结成夫妻，后来彼此情意一直保持终生。

身材儿、早是妖娆。算风措、实难描。一个肌肤浑似玉，更都来、占了千娇。妍歌艳舞，莺惭巧舌，柳妒纤腰。自相逢，便觉韩价减，飞燕声消。

桃花零落，溪水潺湲，重寻仙径非遥。莫道千金酬一笑，便明珠、万斛须邀。檀郎幸有，凌云词赋，掷果风标。况当年，便好相携，凤楼深处吹箫。

——《合欢带》

第一眼，他便如痴如醉地喜欢上了她。她身材儿窈窕，面容儿妖娆，千般姿态，万种风情，一颦一笑，举手投足间，无不透着一种娇俏妩媚，他那支生花妙笔也难以描摹得真切。

她那吹弹可破的肌肤，滑腻得如同上好的羊脂玉，更占尽人间千娇百媚。每次看到她，便觉美得不可胜收，艳得不可方物。她不仅貌美如花，还有一副好嗓子，唱出来的歌声震云霄、悦耳动人。更难能可贵的是，她的舞也跳得极好。只怕那黄莺听了她美妙的歌喉也要自愧不如，还有那随风飘拂的杨柳，也都会因她的纤腰心生妒意。自初次相逢的那天起，他便觉得那战国时能歌的韩娥、西汉时善舞的赵飞燕，在她面前都失了颜色。

在他眼里，她是水做的女子，她是花般的女子，她的忧愁，她的欢笑都那样迷人。他爱她，莫道是千金买一笑，只要她快乐，即便是明珠万斛，他也在所不惜。在不知不觉的行走中，他们若是某一日未曾看见彼此的身影，心里便空空如也。

师师是个才思灵慧的女子，一般的男子她根本就相不中，纵是为她耗尽千金亦不能换来她莞尔一笑。看来他果真是幸运的。只一眼，便让她醉在自己怀里，兴奋后不免又有些沾沾自喜，也只有他这样檀郎一般的风流才子，才能让师师对他令眼相看。他还有着潘岳的美姿仪，又兼有高超的文才，哪个女子见了他不会动心呢？

只要看到她在，柳永便觉天空都是晴好而美妙的。抬头，他望着她笑，师师啊师师，你我正是青春年华，切莫辜负了这眼前的良辰美景，且携手作伴，凤楼深处把箫吹，好吗？她亦望着他笑，伸出修长洁白的纤纤手指，在他额上轻轻一点娇声嗔道："你呀！"他对她说过的每一句话，她回应的每一抹浅笑，甚至每一个表情，都能清晰忆起。

那女子名叫师师，东京城最为冶艳的青楼女子。流星一般，划过他孤寂的长空，璀璨了他的青涩年华。在他爱着这个女子的时候，在他流连于东京城的秦楼楚馆，倚红偎翠、把盏共欢之时，又可曾记起那个在家乡等候他的琼娘？

他真心喜欢着眼前这个善于调笑的风情女子。他不知道自己对她的热情还能保持多久，更不知道，这尘世间，还有多少他曾许诺过不离不弃的女子。然而，他和她真能做到不离不弃吗？

一生赢得是凄凉,追前事、暗心伤

柳永在为那些青楼女子所作的词作中,常常隐含着深深的悲悯与关切。他熟悉她们的日常生活,懂得她们的所思所想,同情她们的心灵痛苦和命运遭际。

柳永还觉察到了歌女内心的真实意愿:

才过笄年,初绾云鬟,便学歌舞。席上樽前,王孙随分相许。算等闲、酬一笑,便千金慵觑。常只恐、容易舜华偷换,光阴虚度。

已受君恩顾。好与花为主。万里丹霄,何妨携手同归去。永弃却、烟花伴侣。免教人见妾,朝云暮雨。

——《迷仙引》

这位刚过笄年的歌女把头发绾起来扎成云鬟发式,开始学起了歌舞。而她学歌舞只是为了歌筵舞席之上"娱宾",博得宴席上的王孙公子们一笑。"舜华"（shùn huá）,即木槿花。《诗·郑风·有女同车》有云:"颜如舜华。"朱熹注:"舜,木槿也,树如李,其华朝生暮落。"在古代诗词中,诗人们多用舜华来喻女子青春美好。然而她这样的歌女即使美艳如木槿花,很快也会"容易舜华偷换"。她年龄虽小却很清醒,很清楚"光阴虚度"之后的悲惨命运。而她不甘就此沉沦。

所以，这年方十五的少女内心深处其实是愿早日遇到有情郎，以脱离这"销金窟"般的青楼生活。词中表现了她对自由生活的向往和追求。"算等闲、酬一笑，便千金慵觑"，这一句表明了豆蔻年华的小歌女心性尚是纯洁，并不将金钱物欲放在心上，却愿意与有情有义的心上人一同携手相伴。自然表达了一种轻千金，重人品的价值观。希望和他在一起，永远抛弃旧日的生活和那些烟花伴侣。

柳永在京都长期留连歌坊，深知她们内心的真实想法。这些歌女以色艺谋生，吃的是青春饭。人生的晚景多半凄凉。柳永的词真实地披露了这些歌女的深重苦难和绝望中的希望：

一生赢得是凄凉。追前事、暗心伤。好天良夜，深屏香被，争忍便相忘。王孙动是经年去，贪迷恋、有何长。万种千般，把伊情分，颠倒尽猜量。

——《少年游》

真是"一场游戏一场梦"，那些公子王孙兴致来时情热如沸，甚至会山盟海誓。然而他们常常是欢场作戏，过后就一去经年不见人影，这种情分轻薄如纸，并不值得看重、沉迷。将风月场中逢场作戏的情感游戏写得十分真切。

日高花榭懒梳头。无语倚妆楼。修眉敛黛，遥山横翠，相对结春愁。王孙走马长楸陌，贪迷恋、少年游。似恁疏狂，费人拘管，争似不风流。

——《少年游》

这女子成日神情慵懒，无心梳妆，愁敛双眉。只为她心上的人儿对自己不闻不问，四处沾花惹草。那些轻狂虚浮的公子王孙骑马疾走在两旁长楸参天的大路上，贪恋出游寻欢作乐。如此疏狂豪放不受约束的郎君，到底如何才能叫他不到处去寻花问柳呢？

可见，这些歌女的内心是无奈的，因为她们无法把握一份真实的感情，更无法把握未来的命运。她们所眷恋的"王孙"们，哪里有什么真心诚意。原只不过是为了填补精神生活的空虚。

秋暮，乱洒衰荷，颗颗真珠雨。雨过月华生，冷彻鸳鸯浦。
池上凭阑愁无侣，奈此个、单栖情绪！却傍金笼共鹦鹉，念粉郎言语。
——《甘草子》

这首《甘草子》就是一幅绝妙的仕女图。秋天的黄昏，暮雨洒在残荷枯叶上，跳珠四溅，有如粒粒珍珠。雨后的夜空升起月亮，鸳鸯水池里一片空寂冷清。在池边凭栏而望的女子感到了寂寞无聊。于是在那金笼边调教鹦鹉，让它学粉郎曾经说过的话。

《金粟词话》云："柳耆卿'却傍金笼教鹦鹉，念粉郎言语'，《花间》之丽句也。"柳永这首词很有花间派风格，语辞艳丽，各是异彩，如"真珠""月华""鸳鸯""金笼""鹦鹉"等皆具辞彩。结尾二句别开生面，写出新意："却傍金笼共鹦鹉，念粉郎言语。"

细细品来，词中的相思表达真是委婉含蓄。明明是这女子念念不忘"粉郎"和他当初的"言语"，词里却写她调教鹦鹉学着念。而鹦鹉学舌声声中益发让她心中凄然。粉郎不来相陪，倒是这个聒噪的鸟儿天天陪在身边。鹦鹉口中学那粉郎的言语，也许聊慰相思之苦。那些言语又是些什么话儿呢？想必是最让她动心的那些最可心、最让人心热的话儿吧。

可见，柳永写这些女子情思十分细微传神。漂泊在外的柳永心里还常常牵挂着歌女的病体：

追想秦楼心事，当年便约，于飞比翼。每恨临歧处，正携手、翻成云雨离拆。念倚玉偎香，前事顿轻掷。

惯怜惜。饶心性，镇厌厌多病，柳腰花态娇无力。早是乍清减，别后忍教愁寂。记取盟言，少孜煎、剩好将息。遇佳景、临风对月，事须时恁相忆。

——《法曲献仙音》

回想当年秦楼中的心事，当年相约要双宿双飞永不分离。后来却每每遗恨正是临歧离别造成了彼此的分手。回忆起和佳人相依相偎，过去所有烦恼便抛之脑后。

他常常怜惜她那美好的心性和才情，想来她总是整日间神情郁郁，娇躯多病。如今刚刚显得清瘦的她，又怎能再承受离别后的忧愁和寂寞。记住我们当初的誓言吧，少一些愁闷，多一些将息。每当良辰好景，临风对月时，可别忘记远方的我啊。

对于不幸的歌女之死，柳永会深情地写词相悼：

花谢水流倏忽，嗟年少光阴。有天然、蕙质兰心。美韶容、何啻值千金。便因甚、翠弱红衰，缠绵香体，都不胜任。算神仙、五色灵丹无验，中路委瓶簪。

人悄悄，夜沉沉。闭香闺、永弃鸳衾。想娇魂媚魄非远，纵洪都方士也难寻。最苦是、好景良天，尊前歌笑，空想遗音。望断处、杳杳巫峰十二，千古暮云深。

——《离别难》

"花谢水流倏忽"比喻光阴易过，青春易逝；用"蕙质兰心"形容歌女的优雅气质；用"美韶容何啻值千金"说歌女美貌价比千金；用"翠弱红衰，缠绵香体"写歌女被病魔缠扰；用"算神仙五色灵丹无验"，说药石治疗无效。

"中路委瓶簪"一句暗喻歌女生命的夭折。"中路",半路。"委瓶簪",隐喻去世。"瓶"指瓶沉水底难觅,"簪"指簪子折断难接。原意是瓶沉簪折、情缘已断。《诚斋杂记》载:"吴淑妃展兴磧面,玉簪坠地而折,已而夫亡。父欲嫁之。誓曰:'玉簪重合则嫁。'后见杨子冶诗。心动,启奁视之,则簪已合矣,乃嫁之。"

从词中文义看,实际含意是歌女的病哪怕神仙丹药也难以救治,半途已经亡故。从而使得情缘中断,天人永隔。

"想娇魂媚魄非远,纵洪都方士也难寻"二句:用唐玄宗与杨贵妃的传说为典,写歌女撒手一去,纵然是有神通的方士也难招回她的娇魄媚魂。《杨妃外传》:"方士杨幽通自云有李少君之术,上皇(唐玄宗)命致贵妃神,出天界,没地府,求之不见。东绝大海,跨蓬、壶。有洞户,署其门曰'玉妃太真院'。"竟致贵妃之神。白居易《长恨歌》:"临邛道士鸿都客,能以精诚致魂魄。为感君王展转思,遂教方士殷勤觅。"

"望断处、杳杳巫峰十二,千古暮云深。""巫峰十二"即巫山十二峰。这里是说歌女之死犹如神女一去再无消息。这首词写出了对佳人香消玉殒的伤感与惋惜。

柳永对于逝者的描摹形容,表明所伤悼者非亡妻或亲人。"蕙质兰心""缠绵香体""香闺""鸳衾"等多是柳永作词的习语;其中"最苦是、好景良天,尊前歌笑,空想遗音"等词句则明确显示这个逝去的佳人乃是风月场中在尊前歌笑的女子。而"娇魂媚魄"多只用以形容风月场中的歌女佳丽。

这首悼念歌女之死的词,好似一首哀婉的安魂曲,寄托了柳永心头的怀念之情。那些歌女通常出身贫寒微贱,因家庭生计艰难而被迫卖身还债。也有其他良家女子因各种原因被拐卖入籍。在这里,没有人有兴趣去理会她们的痛苦和悲伤,没有人去同情理解她的想法和心事。甚至死后也没有常人的丧葬仪式,没有亲人哀悼,孑然一身,如落叶飘零。人去屋空,一切如常,好像这个世界她们从未来过,情景甚为凄凉。然而在词人的痴念中,这位歌女的灵魂却仍是那样娇媚：她已经化为巫山神女，为云为雨，飘渺于十二峰之间。

"人悄悄，夜沉沉。"这样静静默哀式的文字里，笼罩着一层淡淡的哀伤。让人仿佛能够体味到一种令人心酸的恻隐之心，一种哀切的怜惜与同情。

帘垂深院冷萧萧。花外漏声遥。青灯未灭，红窗闲卧，魂梦去迢迢。

薄情漫有归消息，鸳鸯被、半香消。试问伊家，阿谁心绪，禁得恁无憀。

——《少年游》

帘幕深垂的幽深庭院里寒意萧瑟。葳蕤花木外，隐约传来遥远的铜壶滴漏之声。床头青灯还未熄灭，窗内的佳人闲卧在榻，梦魂已随着情郎去了远方。可是，那薄情郎还没回归的消息，鸳鸯被里的熏香渐已消散。试问你这冤家，谁的心里能经受得起如此？

显然，情郎已经将这位痴情的女子忘在了脑后，任凭她独守空房。可她还在苦苦地等待。这些沦落风尘的歌舞女，把结束悲苦生涯的唯一希望寄托在自己所中意的风流少年身上，希望他们对自己的爱是真实的。并借此能够改变命运和生活，殊不知这些想法大多不过是一厢情愿。她们真挚的感情一次次被捉弄、被亵渎。其实对于这些风尘女子来说，她们越是投入真情，反而越是容易受到伤害。这种被侮辱与被损害的命运几乎成为一种宿命。这些歌女最终的命运也只有那么几种。要么像聂胜琼一样交好运，遇到有情郎从良为妻妾；要么像严蕊一样历尽磨难成为庶民；要么是年老色衰孤独终老，恐怕还得加一个贫困潦倒，郁郁而终。

柳永在词作中不止一次表现出这样一种沉痛的宿命感。在一首《集贤宾》中，他所深爱的女子就这样直接地坦露了心愿：

近来云雨忽西东。诮恼损情衷。纵然偷期暗会，长是匆匆。争似和鸣偕老，免教敛翠啼红。眼前时、暂疏欢宴，盟言在、更莫忡忡。待作真个宅院，方信有初终。

虫娘不愿和柳永总是这样"偷期暗会，长是匆匆"，而是希望与他能"和鸣偕老，免教敛翠啼红。"前面提到的《迷仙引》中也是如此，那位年方及笄的歌女也是这样期盼："已受君恩顾。好与花为主。万里丹霄，何妨携手同归去。永弃却、烟花伴侣。免教人见妾，朝云暮雨。"

她们最大的心愿就是希望能与一个中意的情郎相伴永久，相爱始终。

柳永的这些词里有一种市井特有的人间烟火气，有着温暖与关怀的明亮底色，以及特有的人性温度与热力。

那些关切和同情在柳词中一如井水般清明澄澈，汩汩流淌，一路而来，沁人心脾。在这类词里，柳永是以友人身份出现的。无颐指之气，有亲切之态，坦然、平等、殷勤地与歌女们交往，为她们谱新曲，唱赞歌，用自己的词作与真诚赢得了歌女们的青睐。在这里，"才子"与"佳人"的地位是平等的。他们相知相恋、相思缱绻，互为人生知己，在尘世霜寒中相拥取暖。

在柳永的词中，那种对所爱的人的缠绵眷恋，不是简单停留在肉体感官的抒写上，而是超越了世俗的感官享乐，而是将情爱作为生存关怀的终极意象，视作与功名利禄具有同等甚至更高存在价值的人生慰藉。"为伊消得人憔悴，衣带渐宽终不悔"，就是这种价值观最深刻最坦率的表白。

情到真时自为词。在柳永看来，对于生命来说，两情相悦才是最本质的情感真实。而爱情也就成为他人生的永恒和第一主题。以真情荡涤世俗，用泪水擦拭灵魂，来自民间，挣扎底层，就成为柳永的生存方式。就这样，柳永以一支风流词笔成为大宋年间最走红的词坛巨星。人称："有井水处，即能歌柳词。"用他的至情至性和青春意气倾了一座城。

柳永人生的这一次沉沦，可谓是历史上最精采的沉沦。人生仕途上的不幸，却成为文学诗词史上的大幸。天地茫茫，人生几何？如果能寻遍世间百媚千红，得其所爱，柳永也算无怨无悔了。继柳永之后，我们看到了不少才子在默默地走着这条道路，并且学着柳永的口吻，以"风流浪子"自夸。董解元就称："秦楼楚馆鸳鸯幄。风流稍是有声价"；关汉卿也唱道："我是个普天下郎君领袖，盖世界浪子班头"。他们都是柳永的同道知己。

后世的台湾作家古龙也是位处处留情、放荡不羁的浪子。他下笔千言，挥金如土，其武侠小说一度风靡华人世界。可谓："有华人处，即喜读古龙。"这和柳永当年情状颇多相似之处。

坐中少年暗消魂，争问青鸾家远近

柳永的词中常常出现很多歌女的名字。如心娘、佳娘、虫娘、酥娘、秀香、英英、瑶卿等。

如《木兰花》中即有：

心娘自小能歌舞，举意动容皆济楚。解教天上念奴羞，不怕掌中飞燕妒。玲珑绣扇花藏语。宛转香茵云衫步。王孙若拟赠千金，只在画楼东畔住。

佳娘捧板花钿簇，唱出新声群艳伏。金鹅扇掩调累累，文杏梁高尘簌簌。鸾吟凤啸清相续。管裂弦焦争可逐。何当夜召入连昌，飞上九天歌一曲。

酥娘一搦腰肢袅，回雪萦尘皆尽妙。几多狎客看无厌，一辈舞童功不到。星眸顾指精神峭。罗袖迎风身段小。而今长大懒婆娑，只要千金酬一笑。

心娘有着婀娜宛转的舞姿，一纸玲珑绣扇半遮花容，格外惹人怜爱，而她在地毯上翩翩起舞的风姿更是宛转动人；而佳娘则歌喉清亮，如鸾吟凤啸，余音绕梁，令人折服，何时能夜诏入宫，让歌声通达天听呢？那酥娘娇小，纤纤腰肢袅袅舞动起来，妙如回雪飘尘。一双妙目明眸亮如星辰，显得灵动神妙。

其中，虫娘最让柳永情动，她性情温润，举止间千娇百媚。柳永在《木兰花》第三首中是这样描绘意中人的：

> 虫娘举措皆温润。每到婆娑偏恃俊。香檀敲缓玉纤迟，画鼓声催莲步紧。
> 贪为顾盼夸风韵。往往曲终情未尽。坐中少年暗消魂，争问青鸾家远近。

虫虫，又名虫娘，原名张泥泥，苏州人。是一位能歌善舞的美丽歌女。她是唐朝大将张廷圭的血脉。因属名将之后，再加上天生丽质，技艺出众，故而红极一时。

虫娘的举止温润可亲，千娇百媚。每次翩翩起舞时总是炫出自己的美丽舞姿。她纤细优雅的玉指随着舒缓的歌板声慢舞，轻盈如飞的舞步紧随那急促的画鼓声。她总是博得少年们的爱慕和喝彩，舞曲终了却还情意未了。如此这般绝妙女子，难怪"坐中年少暗消魂，争问青鸾家远近"。

虫娘和那"坐中少年"一见钟情。虫娘心慕那台下"坐中少年"，故而"曲终情未尽"。如此这般绝妙女子，少年自然也是"顾盼""消魂"于虫娘的美妙"风韵"，不时"争问"虫娘"家远近"。这"坐中少年"中间大概少不了柳永吧。

这大概是柳永和虫娘初见时的情形。

与柳永同时代的词人杜安世一首《浪淘沙》也提到了虫虫：

> 帘外微风。云雨回踪。银釭烬冷锦帐中。枕上深盟，年少心事，陡然成空。
> 岭外白头翁。到没由逢。一床鸳被叠香红。明月满庭花似绣，闷不见虫虫。

可见，这虫虫深得众人注目青睐，确是有一番迷人的温婉风韵。

柳永感到自己是第一眼就看上了虫娘，是他眼里那一抹温馨的亮色，更是他心底那一抹柔软的情愫。最初那一个惊艳的回眸，就让他深陷其中。

这天晚上，他沿着蜀锦铺成的地毯走过道道回廊，走进朱门半掩的闺房：

蜀锦地衣丝步障。屈曲回廊，静夜闲寻访。玉砌雕阑新月上，朱扉半掩人相望。

旋暖熏炉温斗帐。玉树琼枝，迤逦相偎傍。酒力渐浓春思荡，鸳鸯绣被翻红浪。

——《凤栖梧》

雕饰华美的栏杆和台阶上洒满了新月的银光，半开半掩的红漆门内外两人深情相望。屋里生起了暖暖的薰炉，在温馨的小帐里，才子美人情意曲折连绵紧紧相拥。酒力渐渐浓烈荡起了春情；小帐里鸳鸯绣被翻起了红浪。

感觉虫娘最与自己情投意合。他后来决心再次应试，与虫虫有过一番约誓：

雅欢幽会，良辰可惜虚抛掷。每追念、狂踪旧迹。长只恁、愁闷朝夕。凭谁去、花衢觅。细说此中端的。道向我、转觉厌厌，役梦劳魂苦相忆。

须知最有，风前月下，心事始终难得。但愿我、虫虫心下，把人看待，长似初相识。况渐逢春色。便是有、举场消息。待这回、好好怜伊，更不轻离拆。

这首《征部乐》词就是柳永应试前为歌女虫虫所作。

柳永在词中絮絮叨叨地告诉虫虫，马上就有举场的消息了。一旦有幸高中进士，弄个一官半职的，他就和虫虫终生相守、再不分开了。"但愿我、虫虫心下，把人看待，长以初相识""待这回、好好怜伊，更不轻离拆"，其缠绵呢喃之状，颇有韩愈所谓"昵昵儿女语，恩怨相尔汝"的情态。

这里的"虫虫"即是《木兰花》其三中的"虫娘"，她和柳永感情最好，甚至一度情热到谈婚论嫁的程度。

柳永还有一首《集贤宾》又写到了虫虫：

小楼深巷狂游遍，罗绮成丛。就中堪人属意，最是虫虫。有画难描雅态，无花可比芳容。几回饮散良宵永，鸳衾暖，凤枕香浓。算得人间天上，惟有两心同。

近来云雨忽西东。诮恼损情悰。纵然偷期暗会，长是匆匆。争似和鸣偕老，免教敛翠啼红。眼前时、暂疏欢宴，盟言在、更莫忡忡。待作真个宅院，方信有始终。

柳永眼里的虫虫是"有画难描雅态，无花可比芳容"。自然有比虫虫更为风流美貌的，而具有雅态的却极为稀少。"雅态"是虫虫的特质。这种"雅态"，源于品格和志趣的高雅，全然不像是风尘中的女子。柳永之所以爱慕虫虫正由于此。

在这首词里，柳永讲到了最令他心有所属的就是虫虫，甚至动了"争似和鸣偕老""待作真个宅院，方信有始终"的念头。

虫娘换成昵称"虫虫"，隐示着柳永对虫娘的感情也发生了微妙变化。从与虫虫"偷期暗会，长是匆匆"来看，柳永困居京都，经济来源窘迫，因而与虫虫聚会只能是偷偷幽会，而且来去匆匆。因此他希望与虫虫过一种鸾凤和鸣、白头偕老的正常夫妇生活。

"敛翠"，翠指翠眉，敛眉乃忧愁之状："啼红"，红即红泪，指女子伤心时落下的泪。虫虫匆匆相会时"敛翠啼红"，盼望柳永让她能过上正常生活。柳永就提出"眼前时、暂疏欢宴"，彼此疏远一些，劝慰虫虫不要忧心忡忡，请相信他的盟誓。他将来要"作真个宅院"。只有到了那时，才能使他们的感情有始有终。对柳三变的誓言，虫娘却愁眉紧锁，无语泪流。也许，他们的爱情终将是一场虚幻的梦。

一段时间里，柳三变写了许多词曲让虫虫演唱。这些新鲜的曲调引得了人们的喝彩。三变的词唱红了虫虫。柳永也爱上了她，发出了"愿结连理"的誓言。

自古痴情皆成伤，她不想成为又一个只会形影相吊、珠泪暗垂的伤情女子。

男人的外表之下大多藏着一颗猜不透的心，他说爱你时也许只是一时贪恋你的美貌。爱这样的浪子其实是一种冒险。她试探着轻轻地问道："柳七公子，我等了你很久很久，你知道吗？"

"我喜欢你。"他轻轻吻着她柔润的唇，"虫娘，你是我这辈子见过的最美的女子。"

"公子，你！"她满面含羞地望着他，嗫嚅着嘴唇。他紧紧拥着她温软的身子，抿嘴轻轻一笑："我也等了你很久很久，你知道吗？"

她轻轻笑着："那你就不怕闲言碎语？妾身只是风月场中的女子。"

"怕，我就不会来找你了。"他轻轻堵住她的樱桃小口，"我会娶你的。"

从最初见到她的那一刻，他就被她的美貌所倾倒，立誓要和她今生今世在一起。自古才子配佳人。除了他柳三变，世间又有哪个男子配得上这只应天上有的美娇娘？

虫娘。紧握纤纤小手，他笑坐窗下，为她，为他心爱的虫虫写下一阕《集贤宾》。

他将她紧紧拥入怀中。我会回来的，相信我，我一定会回来看你，回来听你弹琴，听你唱曲，看你跳舞，看你做诗，与你把酒共欢，只因你和我，是那相知相惜的才子佳人。

这份爱使得虫娘至死迷醉。从此愿得一人心，白首不相离。

洞房记得初相遇。便只合、长相聚。何期小会幽欢，变作离情别绪，况值阑珊春色暮。对满目、乱花狂絮。直恐好风光，尽随伊归去。

一场寂寞凭谁诉。算前言，总轻负。早知恁地难拼，悔不当时留住。

其奈风流端正外，更别有、系人处，一日不思量，也攒眉千度。

——《昼夜乐》

这首词中，柳永的词笔铺叙展衍，层层递进，将一个深陷情网的女子细腻深婉的内心世界，表现得跌宕起伏、曲折往复，我们似乎能清晰地感觉到她的个性、她的气息与她生命的真实存在。

这些文字对一个女子的心态剖解得这般深刻而细致，显而易见是与柳永十分亲密的女子。整首词仿佛是她的内心独白。

记得初次相遇时的洞房情景，就只想应该永远在一起。谁知道一场幽会欢好，竟会变成分离前的最后情爱。而别离时间又正好是在春意阑珊的暮春时节。

对着满眼乱飘的柳絮，她生怕这美好的春光将全部随他的离去而消失。一场情爱最终寂寞，又跟谁说呢？想起以前的海誓山盟，都被轻易辜负了。早知道如此难受，后悔当初不把他留住。奈何他除了生得风流端正，更还有让人朝思暮想的地方。哪怕一天不想他，也会无意识就要皱千次眉头，更何况想他呢？

虽然词中没有虫娘的名字，词意却那样相合。当初，这柳七公子如若已然榜上题名，那种一日看尽长安花的春风得意，只会让他轻狂得把整个世界踩在脚下，对一切都招之即来，挥之即去。虫娘亦只能如对所有寻欢男子一般与他逢场作戏。当他是来来去去的红尘过客，春梦了无痕，心底不留下一丝涟漪。如今，这落拓不羁却又才华横溢的书生屡试不第，郁郁寡欢，让人心生怜惜。却不曾想会让她内心爱的激情如花绽放，曾是镜花水月般的爱情梦想似乎变得触手可及。

然而，她现在离爱情近在咫尺，还是不敢相信，不敢深心托付。似乎他和他所言说的一切都是那么的不真实，到头来会不会也只是一场游戏一场梦？

多少痛苦的记忆，多少深广的哀伤，梦一样彷徨水一样的忧伤，刻骨的相思张开密集锐利的口齿，一个劲儿地噬咬，咬进了灵魂深处。

临别前，虫虫流泪了。他说过，不会离开她；他说过，要娶她为妾，带她回福建崇安老家祭祖，让她成为自己家中一员。可是言犹在耳，他怎能铁了心要弃她而去？

虫虫心中有着太多的隐忍和不舍。她虽身在风尘，那个白衣的男子，那个温情脉脉、才华卓异的才子，依旧是她红尘深处的一份牵挂和眷恋。

他在她的耳边喃喃而语：还记得初相遇的那些日子吗？你我爱得天崩地裂，爱得海枯石烂，只想与你长相聚，只愿与你长相守，可是，男儿当以功名为重，等我高中进士的那一天，再骑着高头大马迎娶你不好吗？

她轻轻捶打着他的胸脯：不好，不好！妾身只要你留下，哪怕终日食糠咽菜，只要有你相伴左右，我也能心安如怡。

空对满目乱花飞絮，他不禁心乱如麻。一切皆因功名利禄四字，他还无法完全放下。望那日光倾城，窗外落红飞扬。怕只怕，人去后，这天地间的一幕好风光也会随她日渐远去的身影，片刻不留。春天即将过去，终是一场寂寞，却又凭谁诉？算是我辜负了以前的誓言，今番与你暂相别离。

我懂，我懂的。她泣下如雨，柳郎，我知道，可我无法忍受这份离别的苦。到底，什么时候，你才能回来？

终是不舍，还是要放他离去。早知离别如此之苦，倒不如尽早拼了命也非要他留下不可。然而，纵是强留下他又能如何？他的心还系在功名二字上面。即便如此，就放手吧。

透过袅袅上升的熏香，她可以觑见柳七眉目间的萧索和落寞。知不知道，别人只看到你长得风流端正，只有我知道，你还有一番难得的真心深情。此番前程风光更好，更有那些撩人的百媚千娇，那时你真的还会记起虫娘吗？

唉。他轻轻地叹，伸手抚去她两行晶莹泪珠。只因知道这一去，她每日都会在无尽思量中度过，即便不思量，也会为他攒眉千度。这样一个可人的女子，他又怎忍心什么都不说就匆匆离去？

虫虫，我走了。别再为我哭，别再为我伤心。你要是伤心，我会很难过。

今宵酒醒何处，杨柳岸，晓风残月

　　寒蝉凄切，对长亭晚，骤雨初歇。都门帐饮无绪，留恋处，兰舟催发。执手相看泪眼，竟无语凝噎。念去去、千里烟波，暮霭沈沈楚天阔。

　　多情自古伤离别，更那堪冷落清秋节。今宵酒醒何处？杨柳岸、晓风残月。此去经年，应是良辰好景虚设。便纵有千种风情，更与何人说！

——《雨霖铃》

　　大宋是历代文人们最向往的朝代之一，有江南绮丽的繁华与浮艳，有倚红偎翠，柳岸断桥，有雕梁画栋，瓦肆勾栏。这个被诗词书画包围着的充满神秘婉约气息的朝代，想起来就让人无限神往。

　　是的，一个人如果把目光偶尔放逐于宋朝的岁月，那种清风杨柳、飞燕穿帘的幽婉画境、那种类似纤云弄巧、柳絮飞花的飘渺诗意，那种秋水横波、寒月昏鸦般的回肠荡气，会无形中将他熏染得心魂摇荡。

　　"今宵酒醒何处，杨柳岸，晓风残月"，便是这样令人无限怀想的好句子。第一次读到就觉得美得无以复加。这宋朝的清秋、月色、杨柳、寒蝉、长亭，好似一帧清寂旷远的工笔风景画。让一个人的身与心似乎都随了一叶轻舟，漂流到一条宋代的陌生河流上。

这是宋仁宗天圣二年（1024年），柳永第四次落第后，决意外出漫游。近千年前的一个黄昏，汴梁城外，骤雨初歇。一场深秋急雨洗去了白日的溽热与风尘。雨后空气中散发着清新的气息。氤氲迷蒙中的斜阳如梦，橙色的光芒投射在杨柳边的长亭外，落叶萧萧，芳草寂寂。

彼时，天地间弥漫着清秋的气息，原野里，苍茫的北风吹过落叶萧然的大地，山瘦水寒，清浅的溪流倒映着树木光秃的树桠，还有一方澄澈如洗的天空。秋日夕阳的余晖从遥远的天际缓缓而来，漫过光秃的树丛，斜照在蔓草萋萋的古亭边，空气中弥漫着深秋的况味与萧萧离愁别绪。密密枝叶间，蝉声如频密的雨点倏忽而来。

此时，白衣浪子柳永正在与一位美丽温柔的女子依依惜别。浓得化不开的离情别绪，像精致的宋瓷，美好、轻脆，让人心疼得只怕一松手，就会支离破碎。

他可以抛弃浮名，流连市井，却在骨子里无法割舍一点点短暂的温情，哪怕只是青楼女子的盈盈一笑。于是他宁愿醉在这里，任女子纤纤手指端着酒杯，他却只是笑，望着女子笑。这笑，却让女子疼痛般的怜惜。

她知道注定留不住他。他是一个远走四方的浪子。从一开始，她就知道快乐时光如沙漏般，流得太急太快。于是她把每天当作诀别来过，"须作一生拼，尽君今日欢"，一次爱个够。绝望的爱里，却不曾有丝毫的保留。这一次的幽会可能是他们的最后一次。此后也许会相隔天涯，更可能此生再难相见。

而现在，他终于要走了。或许，将来当她在那些宴饮歌舞间轻敲着檀板，再次吟唱柳郎的词，眼前会满是他牵马登舟的身影，直到唱得梨花带雨，唱得眼酸心痛，声泪俱下。是的，自己会想念这个男人的，然而此时却什么也说不出来。是的，他也是。

两个人明明心里藏着千言万语，却只是执手相对，无语凝噎。黄昏时分的长亭显得昏昧不清，余晖将他们身影长长地投射到地上。

晚风不时吹过，远行的少年心头流淌着如水的莫名忧伤。她是他心底的一道伤，爱到深处便是不敢触碰。有时候连想都不敢想，一想起便有眼泪要落下。

一叶兰舟里，月色如雪，桨声清越，离别时恋人的泪与吻痕还残留在脸上。

风吹过，波光点点，水色空灵，今夜，船儿要将我载向何方呢？恋人何年又能相见呢？一丝惆怅潜入心底，思念如野草般疯长。

眼前只见得江天苍茫，月色如霜。趁着这月色，且斟一杯满满的相思酒。在桨声月影里醉意朦胧，远行的书生沉沉入梦。

耳畔，只听得船家一声声的桨声欸乃。这书生却沉醉在一场甜蜜而忧伤的梦里。佳人的倩影和笑涡出现在他的梦里，巧笑倩兮，美目盼兮，清澈的笑声在波光桨影叠闪梦回。

你看，她醉颜微酡，款款凝笑，或小斋明瑟，张灯围坐，与他飞觞醉月；或行云流水，长袖善舞，博他粲然一笑；或殷勤探问，香鬓厮磨，与他泪约三生。春野里，绿草摇摇，繁花盛开，佳人的笑声回荡在整个寂静的山谷，她的身影倒映在清澈的河畔，随波招摇……

待到拂晓时分，他在一阵清寒的晨风中醒来，眼前却只剩有空茫月色，稀疏杨柳，还有那远处苍凉的草树山影。身处陌生的风景里，小舟在蜿蜒的河道上穿行。清晓的风吹来了远方田野与河流那种湿润的芬芳，一轮凄凉的残月垂至天际。

故都的蝉声呢？暮色中的长亭呢？还有伊人无语凝噎的深情呢？都远去了，恍同隔世。唯有两岸的杨柳枝条在清风中摇曳着忧伤的气息。

沉浸在这样的思绪里，柳永茫然不知归途。晚唐诗人许浑《谢亭送别》有云："日暮酒醒人已远，满天风雨下西楼。"那种失落和迷茫庶几近之。

人生就像是一场没有际涯的旅行。这些年，柳永常常就这样静静地行走在离别的途中，从一个远方至另一个远方，从一个驿站至另一个驿站，如一枚秋叶不停飘零在异乡苍茫的土地上。其实，离别对于柳永来说，注定不是一个偶然的事件，而是一种命中注定的生存状态。种种缘由，使他不能平静彻底地安顿生命和灵魂。

多年来，我一直认为柳永笔下的这个画面，象征了世间最美好的古典爱情。

一个深秋的季节，在一处人迹罕至的河畔，去送别或等待一个自己深爱的人。天色空濛，清凉的秋风涤荡原野，吹动起他们的衣衫，小小渡口停驻着一叶兰舟。在摇曳生姿的兰叶间，散发着幽幽的香气。将要与爱人长久分离，他们彼此泪流满面，秋风呜咽。

终于，那一叶兰舟悠然远去，飘荡在遥远苍茫的云水之间。唯留下爱人独自在渡头怅然远望，伫立的身影如一幅孤独的剪影。"天青色等烟雨，而我在等你，炊烟袅袅升起，隔江千万里。"送别，总是这样既充满了诗意，又令人惆怅。这样的情境，对于心灵是一种甜蜜而又忧伤的刺激，说不出，道不明，有些美感，又有些痛感。

这首《雨霖铃》被称为宋金十大名曲之一，也堪称是柳永词的代表作。每每吟读，眼前就会浮现一幅画面：沧浪之中，一叶孤舟，舟中有人吟唱着"念去去，千里烟波，暮霭沉沉楚天阔"，载着满心的酸楚和才情，杳然隐入天际……

词中的那位女子，也许就是美丽娴雅的虫娘吧。由相识到相惜，由相惜到相爱，他付出了真情，爱到了骨子里。这种爱如烈酒，一旦入口便是满嘴的辛辣，醉到深处就是痛了，痛到深处只能忘记。在醉醉醒醒间，成了他内心难言的凄凉与心伤。

世上有一种花叫作情花，妖娆地盛开。若不小心嚼它入口，第一口甜蜜芬芳，再嚼却苦涩难忍。情花入口，若心里还存在一丝的情愁，便痛彻肺腑，人人都绕之远行，畏之若虎。独柳七不然，茕茕孑立，触目风景皆是黯然心伤和噬骨疼痛。在深深的爱意中，在深情的离别中，一首千古名词《雨霖铃》也就此诞生。

今宵酒醒何处，杨柳岸晓风残月。这一夜虽是孤寂不能成寐，眼前却全然是异乡的风景。他又要上路了。

蘅皋向晚舣轻航。卸云帆、水驿鱼乡。当暮天、霁色如晴昼,江练静、皎月飞光。那堪听、远村羌管,引离人断肠。此际浪萍风梗,度岁茫茫。

　　堪伤。朝欢暮散,被多情、赋与凄凉。别来最苦,襟袖依约,尚有余香。算得伊、鸳衾凤枕,夜永争不思量。牵情处,惟有临歧,一句难忘。

——《彩云归》

　　天色已晚,载着远行人的轻舟向长满香草的岸边靠拢。在鱼米之乡的水路驿站,放下白色风帆。面对将暮的天空,明朗天色如同晴朗的白昼,江水澄静如绸练,皎月飞洒点点银辉。忽然从那遥远的村落传来悠悠羌笛声,引动离人心中的依依乡愁,令人断肠。

　　此时才感到自己就如同水中之萍、风中之梗,过着漂荡不定的生活。一年年过去,思绪纷繁而苍茫。

　　朝欢暮散的伤感给多情人带来了无限烦恼和凄凉。离别之后,襟袖间隐约还有残余的芳香。料想你此时一定坐在床头,面对漫漫长夜,同我一样思念着对方。动情处,唯有赠别之辞句句难忘。

　　这首词中,寥寥数语便描绘出一幅清丽幽旷、令人沉醉的夜景。在清朗的夜色中,皎洁月光的照射下,平静的江水宛如一条白色的绸带,散发着明亮的光彩。月光水色上下辉映,潋滟无际。轻舟独泊,让柳永孤独一人置身于如此空旷阔大的境界中,定会感到宇宙空间之大和人自身之渺小。一种漂泊无依的孤独感也不由得在心底升起,使人茫然、伤感。

　　夜深人静之时,远方村庄飘来阵阵的羌笛声。羌笛之声乃凄切之声,所传达的也是一种凄切之情。而词人又置身于一片茫茫苍苍的空阔之中,耳所闻、目所睹都使人生出凄清、悲凉之感,更何况是如柳永这样常年漂泊、饱受离别之苦的人。"度岁茫茫"四字写尽了美好年华在迷茫中蹉跎消逝的痛苦。

　　"朝欢暮散"是曾经的欢场生涯,"凄凉"是如今孤旅天涯的处境,"多情"

则是人生痛苦的根源，正所谓"多情自古伤离别，更那堪冷落清秋节"，所以柳永不禁长叹一声："别来最苦"。临别之际，他们心中原本有许多话想说，可千言万语又无从说起，无法说尽，终于只化作临分别时的那句叮咛。

"牵情处，惟有临歧，一句难忘。"这个离别时的特定情境，一句深心温存的叮咛，已深深刻印在柳永的心中。每每回想起来，就格外令人神伤。

第三章

心事如水：远行游子夫妻情

想佳人妆楼望，误几回、天际识归舟

  对潇潇暮雨洒江天，一番洗清秋。渐霜风凄紧，关河冷落，残照当楼。是处红衰翠减，苒苒物华休。惟有长江水，无语东流。

  不忍登高临远，望故乡渺邈，归思难收。叹年来踪迹，何事苦淹留？想佳人，妆楼颙望，误几回、天际识归舟。争知我，倚阑干处，正恁凝眸。

——《八声甘州》

  自古以来，中国人的怀乡恋土情结就十分浓重。

  故乡是如此的令人牵挂，令人断肠，很多文人墨客和士大夫人生历程中都有这种怀乡的羁旅体验。多少风尘仆仆的身影，行走在他乡遥远的路上，千山万水间，留下了多少疲倦寂寞的足印，又写下了多少隽永却沉重的诗行。如李白的《静夜思》、王维的《九月九日忆山东兄弟》、崔颢的《黄鹤楼》等都蕴含了浓郁乡情。多情如柳永自然不会例外。

  书剑飘零，孤旅天涯，词句中仿佛听得到浪子柳永的呼吸和心跳，仿佛看到了他凭栏远眺时的忧郁眼神。

  《甘州》原是唐人边塞曲之一，声情激壮。如今所传的《八声甘州》，因全调共八韵，故称"八声"。这首柳词中的名篇融写景、抒情于一体，语浅而情深，堪称抒写离愁别绪的诗词上品。

　　暮雨潇潇，洒遍大江两岸，也洗净了清秋时节的万里长空。西风渐紧，带来阵阵寒意，关河冷落，残阳正照在楼上。四处红花凋零，绿叶衰谢，春日物华渐渐地都凋零了。只有长江水，永远这样无言无语地向东奔流。

　　我不忍心再登高望远，故乡遥远似在天边，思归的心愿却难以收敛。感叹连年奔走，究竟为了什么在异乡滞留？佳人一定在妆楼苦苦地遥望，有多少次误认了远来的归船。她哪里知道，此时的我正独倚栏杆，心中结聚着无限哀愁。实在不忍心登上高楼，眺望那渺茫遥远的故乡，归思一发即难收。叹息这些年来漂泊江湖的行踪，为什么苦苦地长时间客留异乡？想那美丽的心上人正在妆楼抬头凝望，多少次错把远处驶来的船当作游子归来。唉，她怎么知道我此时正独倚栏杆，这样凝眸望远，愁思深重！

　　一篇柳永的《八声甘州》读罢，总会让人陷入伤感的愁思。"对潇潇暮雨洒江天，一番洗清秋。"事实上，最初被这首词所吸引便是这个清新如画的开头。一下子就将人带到了暮雨潇潇、江天苍茫的秋日雨境里。

　　想象那宋代的才子词人柳永一袭青衫，登楼望远，只见那暮雨洒满江天，水天茫茫，经过一番雨洗的清秋景象分外清新湿凉。"秋"本是一个季节，一种时令，并非实物，更是无法去"洗"。但慧心的词人却以一个"洗"字，将"秋"化虚为实，让人感到秋之清冷是由暮雨洗出来的，于是那雨后秋景的清新爽朗呼之欲出，如在眼前，仿佛可触可亲。

　　这短短十三个字中，倒有六个字是三点水的偏旁，加上一个"雨"字，更觉满纸是氤氲迷蒙的水雾。后来每逢森冷湿润的雨天，我在街头望着空阔苍茫的雨中楼林和江对面的远山，总会想起柳词里的这一句。特别是一个"对"字，已写出登临纵目、望极天涯的境界，将人与自然、与这大千世界、与宇宙万物的主客关系点得很透彻，正是王国维先生所说的"有我之境"。同时，开篇用一去声"对"字领起，发腔即已惊动听众，如弹词开篇的一声拍板，戏剧人物出场前的亮嗓，又妙在体现了观景的角度，暗藏登楼凭栏远眺之意作伏笔。

"渐霜风凄紧，关河冷落，残照当楼"三句，则将人带进了一幅笔意苍劲、构图精美的山水画卷里，视野一下子开阔起来，意境变得高远雄浑。凄寒的霜风渐渐迫近，那些重重关隘、千山万水顿时显得冷清萧条，一轮落日余晖斜照在高楼上。面对如此凄凉惨景，客旅之人怎能不生起归乡之思？

一个"渐"字，表明秋天的凄清、寒冷、萧瑟、肃杀的程度在不断弥漫，由远及近，日渐加深。霜风既寒且急，行人渐渐稀少，只留下空寂的关山，渡口和楼头孤悬的残照。这一切强烈地激射出词人流落他乡的伤楚，孤单和愈益黯淡的情怀。"残照当楼"四个字，凄怆苍凉的境界全出，如同宇宙间悲秋之气一起袭来。这番意境让人不禁想起李太白《忆秦娥》里"西风残照，汉家陵阙"的景象。宋人赵令畤《侯鲭录》卷七载："东坡云：'世言柳耆卿曲俗，非也。如《八声甘州》云："霜风凄紧，关河冷落，残照当楼。"此语于诗句不减唐人高处。'"可见，连曾经一度鄙薄柳词的苏轼也不得不承认柳永的笔力才情。

"是处红衰翠减，苒苒物华休。惟有长江水，无语东流。"眼底所及处处是一片红凋翠落的残败景象，美好的时光已渐渐逝去，盛日春景已然衰残。只有那长江之水静静地向东流去。天地间的万物都笼罩着悲凉秋意，触动着词人的归思。"是处"言处处，反映视野之开阔。"红衰翠减"引用了李商隐诗："此荷此叶常相映，红衰翠减愁煞人"。红、翠，指代花草树木。

"红衰翠减"表现远望的感受，真切而又鲜明。在夕阳的映照下，站在楼头看那红花衰谢、绿叶凋残的景象。这种强烈的视觉感受与暮雨、霜风、残照相联，让人深深感受到一种沉重的现实："苒苒物华休。"自然界如此，人世间又岂能例外，那美好的故乡，深情的佳人和自己蹉跎的青春年华，无一不正在苒苒逝去。一念及此，自然是悲从中来。

"惟有长江水，无语东流"，化江水无情为有情，寓人生悲慨于江流变化之中，蕴含了诗人怀乡思人的情怀。子曰："逝者如斯夫"。江水常常是大自然对时间、对人生、对宇宙万物的一种无语的象征和暗示。它就是上苍对人间的一种暗示：人生是短暂的，一切生命都将衰亡，只有长江水仍旧日日夜夜奔流不止。短暂与永恒、无常与恒久，自我与物象，人生与宇宙，那些哲理思辨意味尽在画面之中。

那"霜风凄紧，关河冷落，残照当楼"，"是处红衰翠减，苒苒物华休"。清秋暮雨，繁花落尽，关河冷落，斜阳残照，一派深秋萧瑟寥廓的景象都化入这无语东流的滔滔江水中。写出了一种天地无言、人生局促的禅意。

"不忍登高临远，望故乡渺邈，归思难收。"登高临远，暮雨、霜风、关河、残照均一一收入眼底，无一不令人触目伤心。故言"不忍"。还以居高之势，顺着东流水的江水，望到了渺茫的前方，意在寻找故乡，将悲秋之慨引向伤离意绪。万物衰竭固然有所不忍，不见故乡引动归思，心情益发悲凉。

"叹年来踪迹，何事苦淹流？"春风得意之人大概不会这样伤怀。只有穷困潦倒、流落不偶，漂泊异乡的游子，才会在这一刻如此地思念自己的家乡。"淹流"是久留之意。这两句实是一种对自己孤旅人生的反省自问，吐露了自己内心世界交织的矛盾与怅惘。故乡渺茫，归思难收，年年漂泊，所为何事。自己这数年如蓬草一样随风飘转、浪迹天涯的生活得到了什么？人生究竟何事值得自己如此漂泊天涯滞留他乡苦苦寻求？这是词人的自省、自责，也是他羁旅一生的悲剧命运所在。

陶渊明说："尝从人事，皆口腹自役。"柳永流落江湖，萍踪浪迹，多是出于科举应考、谋职宦游等原因，是不得已而为之，为何又生懊悔之心？原来，他的种种努力并未达到目的，只是"客里光阴虚掷"罢了。而此生之潦倒、行踪之无际，内心酸楚又岂是语言能形容的？柳永这一问真是"欲说还休"。想到自己不过是为了一点儿口腹生活就为人所驱役，情感无限悲慨。不想停留却又不得不停留，经历无数的过往才发现时刻思归的故乡已是永远回不去的远方。

"想佳人，妆楼颙望，误几回，天际识归舟。"读到这几句，常让人想起温庭筠的那句"过尽千帆皆不是，斜晖脉脉水悠悠。"这是柳永词中常用的一种"从对面写起"的笔法，世称"柳七家数"，或"屯田家法"。

"颙望"指抬头凝望。想象中，那闺阁佳人急切盼望情郎归来。她梳洗打扮，在楼头极目眺望，总以为那出现在地平线上的就是游子的归船，等到近前方知是误认。如此再三再四，仍站在楼头凝神观望，可谓是"望穿秋水"，这是何等的深情。读这首词，可知柳永对妻子琼娘的思念。

"叹年来踪迹，"这是对故乡妻子说的。"想佳人，妆楼颙望"，是词人揣想琼娘此时可能也在妆楼上等待他的归航，而词人同样在内心对妻子表白，此时此刻，他同样在想念她并因此倚栏愁苦。

让人想起台湾诗人郑愁予的那首《错误》：

我打江南走过
那等在季节里的容颜如莲花的开落
东风不来，三月的柳絮不飞
你的心如小小寂寞的城
恰若青石的街道向晚
跫音不响，三月的春帷不揭
你的心是小小的窗扉紧掩
我达达的马蹄是美丽的错误
我不是归人，是个过客……

关山远隔，千里相望，见出两地同心，俱为情苦。一种相思，两幅幻景叠加，虚实相应，极大地增强了艺术张力。梁启超将这种写法称之为："照花前后镜，花面交相映。"如当年杜甫写月夜思妻，又反过来写妻子思念自己，有"香雾云鬟里，清辉玉臂寒"（《月夜》）之句。韦庄词"夜叶相思更漏残，伤心明月凭栏杆,想君思我锦衾寒"(《浣溪沙》)也是由己及人。不过柳词有更多层次和曲折。

"争知我,倚栏杆处,正恁凝愁。"那妆楼中的佳人苦苦思念游子时,不免产生"浮云蔽白日,游子不顾反"的猜测,她哪里知道此时这游子正和她一样倚阑远望,满腹乡愁!此句与首句呼应,是全词的注脚,使整首词都笼罩在浓浓的愁绪中。恁意为"这样",常用于口语。"正恁凝愁"收束全词情意,意谓凭栏观景思乡,无非凝聚着如此这般的愁苦。

这首词从一个"望"字入手,"对"潇潇暮雨,登高临远,望那清秋里的江天,望那渺远的故乡,生起归思,进而又"叹"自身孤旅,有"想"妆楼佳人,最后是一个"倚"栏凝愁的动作定格了一个天涯游子的孤独形象。作者的羁旅之愁,飘泊之恨,尽从"对"、"望"、"叹"、"想"、"倚"一连串动作中透出。

读这首词,总会让人想起金庸笔下的令狐冲、古龙笔下的萧十一郎。他们也是一生在漂泊,行走在路上。他们行走在风中的身影和神情,也是这样孤独、寂寞,内心深处总怀念着远方的某个粉红色的美丽身影。那是他们生命热力和激情的来源。爱情成为他们生命中一轮孤独的太阳,照亮他们生命的所有风景。

传统文化的内在神韵,总是不经意地在各种门类的文学作品中一代代传承下来。

别岸扁舟三两只。葭苇萧萧风淅淅。沙汀宿雁破烟飞,溪桥残月和霜白。渐渐分曙色。路遥山远多行役。往来人,只轮双桨,尽是利名客。

一望乡关烟水隔。转觉归心生羽翼。愁云恨雨两牵萦,新春残腊相催逼。岁华都瞬息。浪萍风梗诚何益。归去来,玉楼深处,有个人相忆。

——《归朝欢》

远处的岸边停泊着三两只小船,淅淅的风吹着初生芦苇萧萧作响。

栖息在江心沙洲上的野雁扑打着翅膀，冲破晓烟飞天而去。一弯残月映照在小桥上，小桥上的霜迹显出刺眼的银白色。不知不觉间天渐渐亮了。远远的路上行人渐渐多起来。那些红尘中来来往往的人们，无论是坐车的还是乘船的，都不过是为了名利而奔忙。

一眼望去，但见那故乡关河相隔遥远。柳永突然间生起一种归心似箭的感觉，恨不得生出双翅飞回家。愁云恨雨像丝缕一样牵萦着两地。眼看日月相催，新春刚过残腊又到。岁月年华转眼就过去。此生像浮萍和断梗一样随风飘荡、逐波飘流，究竟又有何益？唉，还是回去吧。家乡玉楼中深闺里毕竟还有人在思念，毕竟还有人牵挂着远行人。

回家途中，柳永归心似箭，恨不能生出双翼，早日回到家乡，见到亲人。是啊，远方的闺房里，一灯如豆，风语心事，低头娥眉宛转。那曾是他梦里最深的呓语，是千百次醉乡的回归，如前生今世般的相思宿命。

他多想和她在窗前灯下呢喃低语。共话那一路上的萧萧葭苇、溪桥残月，还有那一夜的霜白。

镇相随、莫抛躲，针线闲拈伴伊坐

  自春来，惨绿愁红，芳心是事可可。日上花梢，莺穿柳带，犹压香衾卧。暖酥消，腻云亸，终日厌厌倦梳裹。无那。恨薄情一去，音书无个。

  早知恁么，悔当初、不把雕鞍锁。向鸡窗，只与蛮笺象管，拘束教吟课。镇相随、莫抛躲，针线闲拈伴伊坐。和我。免使年少，光阴虚过。

——《定风波》

  宋真宗咸平五年（1002年），柳永平生第一次参加科考，考试的结果出乎意料，落榜了。落榜让柳三变郁闷好几天，不过好在自己还年轻，人生的路还长。下次自己努力一下，一定能考上。

  落榜后的柳永频繁出入风月场中。当时的许多落榜士子都是这样消解心头的苦闷。然而不久，他的父亲柳宜病倒了，半个月后亡故，享年65岁。柳永只得与家兄一起送父亲的灵柩回福建崇安老家安葬。一路上，柳永想起父亲的一生不免神伤泪下。父亲一生饱读诗书，为人正直，作为南唐降臣，入宋后能够官至工部侍郎，已是人生中的幸事。

  回到老家，安葬好父亲。俗话说"久别胜新婚"。小妻子琼娘见到久别的丈夫，自有一番缠绵之情。琼娘嗔怪夫君一去半载都没有音讯，真恨不能把他的马鞍子锁上，不让他再离家外出。柳永听了搂住妻子香肩，悄声问："想我了吧？"琼娘挣脱他的手："我才不呢，谁想那个薄情郎了。"

说笑间，小两口谈起了京都汴梁的繁华与风光。柳永暗叹下一次赶考要在三年后了。琼娘听了，却鼓励他再接再厉，来日方长。琼娘还煞有介事地说，父亲虽然去世了，但从今日起，她要亲自来督促夫君每日读书应考。

就在这时，看着正忙着针线活计的妻子，望望窗外的和熙阳光，柳永心头一暖，写下了这首《定风波》。

这是一首比较典型的具有柳永式婉约风格的闺怨词。从词中内容看来，像是夫妻俩的日常家居生活。

春天来了，阳光明媚，桃红柳绿，深闺中的女子却懒洋洋的，日形憔悴。这是为什么呢？

"自春来，惨绿愁红，芳心是事可可。""可可"是指对任何事情都漫不经心。自入春以来，女子眼中的柳绿桃红看起来都令人心生愁意，对什么事都不感兴趣。为何春意盎然的景象在她眼中成了"惨绿愁红"？

"日上花梢，莺穿柳带，犹压香衾卧。"阳光已照上树梢，黄莺在杨柳枝条间穿梭飞翔，如此难得的美景良辰，而女子依然拥衾高卧。这样风和日丽的大好春天，为什么她会感到意兴懒散？

"暖酥消，腻云嚲，终日厌厌倦梳裹。""暖酥"是指美女的肌肤细嫩润泽。"腻云嚲"指美女油亮乌黑如云如瀑的秀发散乱下垂着。"嚲"是散乱下垂的样子。往日红润的面容憔悴了，细嫩润泽的肌肤消瘦了，乌黑油亮浓密如云的秀发也蓬乱了，一天到晚懒得梳妆打扮。

"无那。恨薄情一去，音书无个。""无那"指无可奈何。无奈呵，只恨那薄情郎一去音讯全无，连书信也不捎回一个。原来如此，情郎远走，闺中人感到了寂寞无聊。上片写春天以来思妇没精打采，疏懒厌倦的情绪和神态。下片则写她的所思所想和心理活动。

"早知恁么，悔当初、不把雕鞍锁。""恁"意为这样，如此。早知如此，悔当初没把他的马鞍紧紧锁住，让他留在自己身边。

"向鸡窗，只与蛮笺象管，拘束教吟课。"让他坐在窗明几净的书房里，给他些纸张笔墨，督促他终日苦读，温习功课。"鸡窗"代指书房。"蛮笺象管"是指读书写字的纸和笔。"蛮笺"是古代蜀地产的彩色笺纸。"象管"指象牙做的笔管，代指毛笔。

"镇相随、莫抛躲，针线闲拈伴伊坐。"终日与他形影不离，谁也不抛弃不躲避谁，闲下来我手拈着针线，陪在他身边说说话，与他相依相伴。"镇"指终日，整天。

"和我。免使年少，光阴虚过。"就这样，我们一起过着静谧、温馨的生活。那就不会像现在这样孤独寂寞中虚度青春年华。

词中这位女子不见情郎的音信，竟无心梳妆打扮，就连那迷人的春色在她眼里也是"惨绿愁红"，真可谓"良辰美景虚设"了。她还天真地以为锁住夫君的马鞍，即可留住他的心，然后恩恩爱爱地过日子。

妻子琼娘的要求并不算高。她就是想让心上人安安稳稳地吟诗诵书，自己在一旁温存相伴，过一份静谧、温馨的正常人的生活。这种真实而细腻的心理活动，正是心思细敏的柳永才能体验得出来。

是啊，走了很久的路，天涯归来的柳永终于倦了。天空很蓝，风很轻盈，阳光下的伊人比阳光还灿烂。她当风穿针引线，他就坐在身旁什么也不做。和她一起，就这样垂垂老去，也没有什么不好。

偶尔，他拾起那枚掉落地上的针，笑着对妻子说："镇相随，莫抛躲，针线闲拈伴伊坐。和我，免使年少光阴虚过。"她却低头一笑，脸上一抹晕红。春日的阳光在这时很是暖和，一种对人间日常生活的温馨感动顿然会充溢心间。

也许将来老了的时候，坐在温暖阳光下，忽然从久远的记忆里泛起来的，是她穿着绿罗裙的身影，还是她裙边的暖香，是她的笑容，还是那年和她相伴而坐，洒落到彼此身上的斑驳光影……

这首词以通俗直白、不事雕琢的俚俗家常口语，写出了闺房生活细节和女子爱恨交织的复杂心态，极富朴素生动的人情美，弥漫着真实淳朴的都会市井风情。

词中的那句"针线闲拈伴伊坐"还引发过一些争议。宋代词坛领袖晏殊就不以为然。据宋人张舜民《画墁录》载："柳三变既以词忤仁庙，吏部不放改官。三变不能堪，诣政府。晏公曰：'贤俊作曲子吗？'三变曰：'只如相公亦作曲子。'公曰：'殊虽作曲子，不曾道"彩线慵拈伴伊坐"'。柳遂退。"

说的是景祐元年（1034年），快五十岁的柳永终于中进士任了个低级官吏。后来任职期满想改任京官。于是他便拜访宰相晏殊。晏殊是有名的伯乐，慧眼识才，当年还向皇帝推荐出身寒门的范仲淹、欧阳修。他也读过柳永的诗词，立即客气地接见了他。闲谈中，晏殊正襟危坐，和颜相问："听说贤俊最近写了不少曲子词？"

柳永应答道："是的。就像晏大人一样喜欢写些曲子词？"

晏殊听了心中不悦，面有愠色："晏某虽然也写词，但从不涉低级卑俗，如那些'针线闲拈伴伊坐'之流！"

柳永听了无言以对，只得默默退下。为什么同是作曲子词，晏殊却会认为他们之间有着本质的不同，不愿与柳永为伍？

那句"针线闲拈伴伊坐"中，所表达的是一个朴素又真实的日常生活场景，是一种细碎片段的温暖感受。显然在这里，柳永注重内心情感的真实性，把女性放在彼此平等的感情认同上。柳永这种注重把日常生活中的朴素温情作为人生的重要支点，而不是"齐家治国平天下"。这一点上，晏殊是很不认同的。所以，偶尔儿女情长，是文人的风流；而将情感生活作为人生的恒态，甚至作为一种信念和追求，在当时的士人看来就是沉溺和堕落。柳永在这一点上成为文人士大夫群落中的异类。

坠髻慵梳，愁蛾懒画，心绪是事阑珊

  不知什么时候，妻子琼娘似乎隐约知道了柳永在汴京出入风月场的事。

  想起他当初那些恩爱甜蜜的誓言，琼娘万分痛苦。出身名门的琼娘自小就是父母的掌上明珠，心高气傲，没有受过多少委屈。乍闻家中下人们议论夫君，心中无法接受。

  柳永见琼娘莫名地流泪，颇觉诧异，问她也不理。一连几天，琼娘还是神情冷若冰霜。

  柳永颇感委屈，仿佛第一次感到妻子是如此陌生。她曾经是那样的美丽迷人，但又是那样的任性、执拗。

  考试落榜，父亲病故，妻子冷淡，让柳永初尝了复杂纠结的人生滋味。

  煦色韶光明媚，轻霭低笼芳树。池塘浅蘸烟芜，帘幕闲垂飞絮。春困厌厌，抛掷斗草工夫，冷落踏青心绪。终日扃朱户。

  远恨绵绵，淑景迟迟难度。年少傅粉，依前醉眠何处。深院无人，黄昏乍拆秋千，空锁满庭花雨。

——《斗百花》

春光明媚，阳光和煦，薄雾低低笼罩着树丛。空寂的池塘上飘着如烟的雾气，帘幕垂着任风中柳絮飘荡。春困的日子让人直犯困，女子索性把斗草游戏抛开了，连外出踏青的心情也没有了。整天关着房门，做了个宅女。

绵绵思念，幽幽愁绪，如此美好的春光里，她却感到过得好漫长。何时才得和夫君一起共度春光呢。那涂脂抹粉的年少夫君你又去了哪里？在哪儿花天酒地、眠花宿柳呢！寂寞的院子空无一人，黄昏时刚把秋千拆掉了，空自锁住了一院子落花。

婚后的夫君出去眠花宿柳。在春日万物萌发，景色宜人的美好时光，她却孤寂地独守空帷，对此美景春色却没有一点儿好的心绪。

此词中的女子情怀幽怨，猜疑夫婿，显然与柳永妻子琼娘的境况暗合。

坠髻慵梳，愁蛾懒画，心绪是事阑珊。觉新来憔悴，金缕衣宽。认得这疏狂意下，向人诮誉如闲。把芳容整顿，恁地轻孤，争忍心安。

依前过了旧约，甚当初赚我，偷翦云鬟。几时得归来，香阁深关。待伊要、尤云殢雨，缠绣衾、不与同欢。尽更深、款款问伊，今后敢更无端。

——《锦堂春》

坠乱的头发无心梳理，紧锁的愁眉懒得描画，心绪凌乱，事事不顺。近来觉得无比憔悴消瘦，身上的金缕衣也显得宽松了许多。知道如今你这个风流的浪子，心里对我一直是视若等闲。我只有整理好美丽的容颜和心情，这样地轻易辜负青春年华，怎能安心？

你又和从前一样过了相约的归期，既然这样，为何当初要骗我剪下一绺秀发相赠？等到什么时候你回来，我要把你紧紧关在家门外；等到你想要和我欢爱时，我要紧缠鸳鸯绣被，不与你同床共枕；等到更鼓已深，我再慢慢地问你，今后还敢这样无赖失约吗？

对付一心在外面"浪"的夫君,妻子准备使出闺门驭夫的三绝招:

一是"几时得归来,香阁深关",等到他回来时,将闺门紧紧关住,让他在外面指天画地地发誓诅咒去;

二是"待伊要、尤云殢雨,缠绣衾、不与同欢",当他腆着脸来上床求欢时,不让他进被窝,对他的要求不理不睬,以此让他好好反省。

三是"尽更深、款款问伊,今后敢更无端。"她听任时间僵持中过去,等待到更鼓已深,也就是半夜的时候,才严肃地从头到尾、有条有理慢慢数落他的疏狂放浪,要他悔过认错,还要保证此后不能再耍无赖。

这三招都是出自词中女子爱恨交织的内心想象,仿佛就要上演一出夫妻之间斗气的轻喜剧。这词与一般闺怨词不同,写得颇为有趣,很有些生活气息。而这首词中的女子也不同于一般女性形象,她泼辣、自尊,还有些女人的手段、敢和放浪的夫君抗争。

柳永的妻子琼娘应当就是这个性格。然而,柳永似乎有些受不了了。

> 凤枕鸾帷。二三载,如鱼似水相知。良天好景,深怜多爱,无非尽意依随。奈何伊。恣性灵、忒煞些儿。无事孜煎,万回千度,怎忍分离。
> 而今渐行渐远,渐觉虽悔难追。漫寄消寄息,终久奚为。也拟重论缱绻,争奈翻覆思维。纵再会,只恐恩情,难似当时。
> ——《驻马听》

柳永叹息地对琼娘说,我们曾经鱼水般甜蜜相爱也有好几年了。然而你太偏执任性,自己是百般迁就,不忍分手。如今离别后我们之间渐行渐远,后悔也来不及。即使不断来信又有什么用呢?我也想重拾欢好,无奈你的想法总是反反复复。如果我们再相见,只怕恩情也难再回当时。

此时妻子的怨怼,已经让柳永心生厌倦。

如花貌。当来便约，永结同心偕老。为妙年、俊格聪明，凌厉多方怜爱，何期养成心性近，元来都不相表。渐作分飞计料。

　　稍觉因情难供，恁殛恼。争克罢同欢笑。已是断弦尤续，覆水难收，常向人前诵谈，空遣时传音耗。漫悔懊。此事何时坏了。

——《八六子》

　　像花儿一般的容貌。起初便相约，永远相爱，白头到老。因为你正当妙龄年华，风度俊雅聪明，我不顾一切百般疼爱你，没有想到你的心性虽与我如此相近，两人却不能和谐欢洽。于是就渐渐有了与你分手的打算。

　　你稍有不如意，便这样极端恼怒。你舍不得分手希望像过去一样共同欢笑，这已是情断错续、覆水难收了。你常常在人们面前述说往事，徒然派人时常传递重归于好的想法，这都是迟来的懊悔。你也许应当好好想想，我们的感情是什么时候开始变得如此之坏的呢？

　　相爱却不能相守，原本两心相悦的夫妻却心生芥蒂，渐行渐远。

系我一生心，负尔千行泪

柳永是在宋真宗景德元年（1004年）十八岁的时候结婚。

景德二年到景德四年之间，柳永连考进士不中，便开始远游浙江杭州，而后又到了湖南和湖北，于1010年回到汴京。

有人曾经考证说柳永远游的这三年，除了是因外出干谒会友，还是因为夫妻关系不合而造成。柳永专门为妻子写了首《忆帝京》：

薄衾小枕凉天气，乍觉别离滋味。展转数寒更，起了还重睡。毕竟不成眠，一夜长如岁。

也拟待、却回征辔；又争奈、已成行计。万种思量，多方开解，只恁寂寞厌厌地。系我一生心，负尔千行泪。

——《忆帝京》

这首《忆帝京》也是柳永的自度曲，意境幽深，情感深郁，语言平白如家常话，却十分真切生动。后世有人赞为"如弹丸脱手，掉臂而出。仿佛家常语，却层层递进，情真意切，有说不尽的动人处"。家常语，往往能打动人心中最朴素最真实的情感。

刚盖着薄被子小睡了一会儿,就被凉凉的秋风给吹醒了。其实是根本没睡着,为什么呢?因为第一次感觉到别离的滋味,种种难以名状的离别滋味涌上心头。内心十分纠结,难以想象出门后自己会变成什么样子,以后会发生什么事情。翻来覆去地睡不着,外面寒夜里的打更声听得一清二楚,感觉这一夜漫长得像过了一年。

也曾打算勒马再返回,无奈为了生计功名已动身上路,又怎么能无功而返呢?脑际思绪万千,总是想尽办法加以开导解释,最后只能就这样寂寞无聊地不了了之。我知道你的内心很伤痛,更知道此后你会暗暗饮泣,以泪洗面。但是,我其实比你更难受,你是我一生一世的牵挂啊!

《忆帝京》写了一段相思情,一个断肠人,一件伤心事。夏夜,清薄幽凉的月色浮在微风里,有人枕着万般思绪,深深浅浅地辗转,落下深深浅浅的忧伤,美丽如斯。更声渐深,夜露渐重。他辗转反侧,披衣而坐,伏枕而思。思之,不寐;思之,不得。罢之,不能。一夜长如岁,正是古老的《诗经》里写的那种感觉:一日不见,如三月兮,一日不见,如三岁兮。

他也曾打算一勒马缰掉转马头,去他的什么功名,去他的什么梦想,统统不要,统统不管。也许在某一个寂静的深夜,他收拾好了行李与疲倦,骑着那一匹瘦马,走在了清寒的月光下。可是,在翌日晨曦来临之前,他又躺回了床上,将那碎银子一样的月光,捂进孤单寒凉的薄衾里。疯狂的寂寞,疯狂的忧郁,疯狂的思念,疯狂的回忆,他用一千个理由来说服自己回去,回到家中去,回到她身边去。然而,他又可以用一万个不能回去的理由,来压倒那一千个要回去的理由,并给自己开解与安慰。

"系我一生心,负你千行泪。"这一句情境就全都出来了。是那种无言的心痛,那种深刻的思念如潮水一般没过头顶,却喊不出一点儿声音的窒息之感。

那夜夜为他流泪的妻子,守着他给的承诺,度过红颜渐老的光阴。

读过柳永这首词,让人想起那位民国佳人张爱玲与胡兰成的旧事。两人当初一纸婚书约定："愿岁月静好，现世安稳。"多年以后，风流成性的胡兰成却一再出轨，辜负了一代名媛张爱玲的痴心，让她不禁暗自泪下。

柳永第一次离开家应是景德四年秋，并且词中说"乍觉别离滋味"，应该是第一次品味到别离的滋味，当然也是第一次离开家的时候所品味的滋味。

"系我一生心，负你千行泪"，在受到伤害的一方听来，真有撕心裂肺之痛。同时，不久后发生的事情竟隐有一语成谶之感。

梦觉清宵半。悄然屈指听银箭。惟有床前残泪烛，啼红相伴。暗惹起、云愁雨恨情何限。从卧来、展转千余遍。任数重鸳被，怎向孤眠不暖。

堪恨还堪叹。当初不合轻分散。及至厌厌独自个，却眼穿肠断。似恁地、深情密意如何拼。虽后约、的有于飞愿。奈片时难过，怎得如今便见。

——《安公子》

这首词也与前一首有异曲同工之感。柳永半夜从梦中惊醒，更深夜静的时刻无法入眠，细听着漏滴声，默默屈指而数。床前只有烧残的流泪红烛相伴。却不禁引发心头深深的离别之情。自躺在床上到现在，他已辗转反侧了千余遍也无法入睡。怎奈一个人独自而眠，身覆数重鸳鸯被也无法感到温暖。

可恨可叹的是，当初不该轻易分离。到如今独自无聊，正望眼欲穿愁断肠。如此情深意浓如何才能和好如初？纵然确有日后相聚和美的愿望，无奈克制这片刻的难过，怎么才能够得以马上相见？

可见柳永内心深处还是爱着妻子琼娘的。

在自己离开的日子里，也时时被思念折磨得夜夜无眠：

晚晴初，淡烟笼月，风透蟾光如洗。觉翠帐、凉生秋思。渐入微寒天气。败叶敲窗，西风满院，睡不成还起。更漏咽、滴破忧心，万感并生，都在离人愁耳。

天怎知、当时一句,做得十分萦系。夜永有时,分明枕上,飒着孜孜地。烛暗时酒醒,元来又是梦里。

睡觉来、披衣独坐,万种无憀情意。怎得伊来,重谐云雨,再整余香被。祝告天发愿,从今永无抛弃。

——《十二时(秋夜)》

漫长的夜里,明明眼睁睁地看着她。在梦醒时分,才发现原来又是一场梦。

再不能安睡,只好披衣独坐,升起万种愁闷的情绪,不知要怎样,才能让她来到我身边,重温恩爱,再整理留有余香之被。我在此对天发誓,今生断不会将你抛弃。

他对妻子最真挚的情感也在于此,就是希望能时时在你身边为你盖好被子,是最朴素的日常生活细节,也是最温情的贴心关怀……

闲窗烛暗,孤帏夜永,欹枕难成寐。细屈指寻思,旧事前欢,都来未尽,平生深意。到得如今,万般追悔。空只添憔悴。对好景良辰,皱着眉儿,成甚滋味。

红茵翠被。当时事、一一堪垂泪。怎生得依前,似恁偎香倚暖,抱着日高犹睡。算得伊家,也应随分,烦恼心儿里。又争似从前,淡淡相看,免恁牵系。

——《慢卷绸》

也是夜深难眠,忆旧事前欢一一浮现眼前,现在追悔莫及,却只能平添烦恼,令人憔悴。哪怕是面对外面的良辰美景也皱着眉头,无心欣赏。老是想起和她当初相爱时的千般缠绵往事,竟不觉有种想流泪的感觉。过去那样相拥相依到日上三竿的日子，也许再也不会有了。她也会随缘依分，只在心里烦恼不已。却像相遇之前那样，淡看这段感情，以免又堕入一个情字中间，空惹无限烦扰。

> 万恨千愁，将年少、衷肠牵。系残梦断、酒醒孤馆，夜长无味。可惜许枕前多少意，到如今两总无终始。独自个、赢得不成眠，成憔悴。
>
> 添伤感，将何计。空只恁，厌厌地。无人处思量，几度垂泪。不会得都来些子事，甚恁底死难拼弃。待到头、终久问伊看，如何是。
>
> ——《满江红》

不知有多少万恨千愁，将这少年的内心牵挂。在孤寂的客舍，酒醒后零乱不全的梦中断了，漫漫长夜没有滋味。可惜枕边曾经多少的柔情蜜意，到如今我俩总是有始无终，得到的只是独自一个人夜不能寐，憔悴不堪。

伤感一日更甚一日，有什么办法呢？只能这样成天怏怏不乐，郁郁寡欢。每当无人的时候就忍不住相思，多少次孤独地流泪。不懂得这世上有些事儿，为什么这样让人至死难以割舍。到最后，我倒要问问你看，到底是为什么会这样？

"不会得都来些子事，甚恁底死难拼弃"是这首词的亮点。意思是"不懂得有些事儿，为什么这样至死难以割舍。"

柳永也许没想到，他这似乎不经意的一问，竟然引发一代又一代人的发问。最著名的便是元好问因大雁殉情一事引起的感叹："问世间，情为何物，直教生死相许？"（元好问词《摸鱼儿·雁丘词》）。情至极处，生者可以死，死者可以生，双方可以生死与共，这是古人信奉的"至情"。

现代的人反而越问越糊涂了。"爱有几分能说清楚，还有几分是糊里又糊涂"，"这就是爱，说也说不清楚，这就是爱，糊里又糊涂"。

一曲爱情的悲歌，没有结局的故事，从古唱到今，岁岁年年，平平仄仄，咿咿呀呀，往复回环。就这样，年轻的柳永反复纠结中，慢慢地又回心转意了。

然而就在这样复杂心绪中，让柳永万万想不到的事情发生了。

宋真宗景德二年（1005年），二十二岁的柳永游历了浙江、江苏等地后，来到了帝都汴京。六月的一天，柳三变收到了家里的信，拆开一看，眼前兀自一黑：琼娘竟然因病去世！

原来，琼娘自柳永去后，孤寂落寞，忧郁成疾，竟不治而亡。原本言笑晏晏、娇俏万端的眼前人，转眼间就阴阳两隔。柳永悲从中来，独自在案头含泪疾书：

留不得。光阴催促，奈芳兰歇，好花谢，惟顷刻。彩云易散琉璃脆，验前事端的。

风月夜，几处前踪旧迹。忍思忆。这回望断，永作终天隔。向仙岛，归冥路，两无消息。

——《秋蕊香引》

这首词里，"留不得"三字破空而来，直如喉间发出的一声哀痛欲绝的哭嚎，它在告诉人们，一个年轻而美丽的生命就这样消逝了，世间如此之大，却没有她的栖身之处，生者的痛苦、呼唤，也未能留住她匆匆而去的脚步。

光阴真是太无情，它催促着一个美好的生命走向另一世界。奈何得了吗？芬芳的兰草转瞬间便消歇了，美丽的花朵顷刻间便凋谢了。这也正应验了人们常说的一句话："世间好物不坚牢，彩云易散琉璃脆！"人世间一切美好的事物都那样容易失去。

往日无数的风清月明之夜，留下了多少相偎相伴的身影，留下了多少幸福欢快的歌声。无奈斯人已去，即便蹑步前踪旧迹，亦是空想歌笑遗音。他从回忆中挣扎出来，终于清醒地认识到，这次不是生离，而是死别，自己即便望穿双眼，也难觅她的踪迹。

柳永以"芳兰"和"好花"比喻妻子生前的美貌丽质，以彩云之易散与琉璃之易碎比喻妻子生命的脆弱。"这回望断，永作终天隔。向仙岛，归冥路，两无消息。"回忆过去和聚之乐，风月深情，"前踪旧迹"宛然如初，可是物是人非，令人伤怀，因为是永远的诀别，人天永隔。望穿双眼，也无法再一睹芳容了。她的魂魄，是去了云雾飘渺的仙境，还是去了昏沉幽暗的冥府？一切一切都不得而知。生者和死者，只能各怀一腔幽怨憾恨，永远地断绝音讯了。字里行间，流露出深深的哀痛和追念。

爱的梦境里，死去或是离开都是一种结局。而始终把心留在梦境里，无法离开的，才是最痛苦的。如今，她走了，他迟迟不愿醒来。花谢花飞，梨花漫天。那纯白的色彩如同一曲悼亡的歌谣。

"系我一生心，负你千行泪。"柳永想起当初那些卿卿我我、安恬静好的日子，泪如雨下，心痛难当。

第四章

诗酒风流：一桥轻雨一伞开

三吴风景，姑苏台榭，牢落暮霭初收

  虹收残雨。蝉嘶败柳长堤暮。背都门、动消黯，西风片帆轻举。愁睹。泛画鹢翩翩，令鼍隐隐下前浦。忍回首、佳人渐远，想高城、隔烟村。
  几许。秦楼永昼，谢阁连宵奇遇。算赠笑千金，酬歌百琲，尽成轻负。南顾。念吴邦越国，风烟萧索在何处。独自个、千山万水，指天涯去。

——《引驾行》

  柳永终于要离开东京汴梁了。从二十岁开始，二十二年间，四次科考把他从一个英姿勃发的青春少年折磨成一个生无可恋的落破中年人。
  然后，柳永开始了他的漫游之旅。秋雨将止，天空出现一道彩虹。傍晚，长长堤岸边的枯柳上传来凄切的蝉鸣声。离开了京都城门，引动了黯然销魂的情怀，秋风中，一叶孤舟在水面上轻轻飘动。忧伤地看见，那飘荡的饰着鹢和鼍的孤舟，如翩翩轻疾的飞鸟，隐约中驶入大河。忍心地回头，看见佳人越来越远，想再看一眼高城深池上的佳人，可惜已被烟雾缭绕的村落所隔阻。
  多少次，秦楼、谢阁的意外相逢，永昼连宵地在一起，不忍离去。谁曾想到，昔日里，佳人以千金笑容相赠，以百琲歌声相酬，到如今，全都被轻易地辜负了。看南方，一派萧条冷落的景象，想念春秋吴越故地如今在哪里？独自一个人历经千山万水，向着天涯而去。

> 晚天萧索，断蓬踪迹，乘兴兰棹东游。三吴风景，姑苏台榭，牢落暮霭初收。夫差旧国，香径没、徒有荒丘。繁华处，悄无睹，惟闻麋鹿呦呦。
> 想当年、空运筹决战，图王取霸无休。江山如画，云涛烟浪，翻输范蠡扁舟。验前经旧史，嗟漫载、当日风流。斜阳暮草茫茫，尽成万古遗愁。
> ——《双声子》

这一次，他从汴京出发，经汴河东下至江淮一带，再向南到镇江、苏州、杭州，随着他的愈走愈远，他的内心因科考失意、丧父失偶以及羁旅生涯而引发的伤感情绪，也愈见浓郁、纠结。到达苏州游姑苏台时，他有感而发写下了这首《双声子》。

黄昏萧条冷落，行踪漂泊不定，乘兴划着兰木船桨向东游。苏州、常州、湖州的风景从眼前缓缓而过。那吴县姑苏山上的姑苏台，在云雾刚刚消散的傍晚显得格外零落荒芜。吴王夫差曾建都的苏州，那美人路经的采香径已不见踪影，只有荒山满目。曾经的繁华之地，已悄无人烟，只听见呦呦的麋鹿鸣叫声。繁华似锦的姑苏台榭成了野鹿出没之所。

想当年，吴王夫差白白地在这里为图谋霸王之业，运筹帷幄，征战无休。在如画的江山中，在似云涛的烟浪里，仿佛看见范蠡携西施，驾扁舟泛游五湖。考查史书典籍，嗟叹徒然记载了多少昔日杰出不凡的英雄人物，全都成为前代遗留下来的永久颓伤，仿佛这傍晚西斜的太阳照在广大而辽阔的荒野上，一样让人凭吊、令人惆怅。

山河依旧，人事全非，只有那激流勇退的范蠡，在越国胜利之后，随即驾扁舟逍遥于五湖的明智之举，使人至今仍十分叹服。怀古幽思中既有称雄争霸、征战厮杀的激动人心，又有儿女情长、风雅飘逸的遐想连翩。在这样的历史反思之中,功名、利禄,一切都被淡化了,当然柳永心头的坎坷不平也随之消解了。

"斜阳暮草茫茫,尽成万古遗愁",这样富有悲情、苍茫开阔的画面,令人回味、浩叹。与柳永很多婉约柔丽的艳情词相比,这样的意境、笔力显出了他心底的英雄事功情结和历史感。原来,他并不是那样肤浅庸俗的市井词人,他仍有一个出身儒学世家的读书人、一个士子的精英意识。

才情俊茂、风流倜傥的柳永之所以没有被历史看轻和遗忘,正是因为他还有这样的一面。项安世《平斋杂说》说他的"长调尤能以沉雄之魄,清劲之气,寄奇丽之情,作挥绰之声。"

苎萝妖艳世难偕。善媚悦君怀。后庭恃宠,尽使绝嫌猜。正恁朝欢暮宴,情未足,早江上兵来。

捧心调态军前死,罗绮旋变尘埃。至今想,怨魂无主尚徘徊。夜夜姑苏城外,当时月,但空照荒台。

——《西施》

这首词也应是在吴越漫游时所作。

苎萝村女儿名叫西施,本名施夷光,一般称其为西施。春秋末期出生于浙江诸暨。她天生丽质,是美的化身。"闭月羞花之貌,沉鱼落雁之容"中的"沉鱼",讲的是西施在河边浣纱时,清澈的河水映照她浣纱时的美貌风姿,令鱼儿看见她的倒影都忘记了游水,渐渐地沉到河底。从此,西施美貌便以"沉鱼"流传开来。

西施的美艳世间难比,越王派范蠡将她从民间搜罗来后,送到了吴国。将她的美色用于讨吴王夫差的欢心。西施在后宫里依仗吴王夫差的宠爱,使尽手段使吴国君臣心生猜疑。正当吴王与西施在灵岩山成天饮酒作乐,不能自拔之时,江上的越兵早已来犯。沉溺于美色享乐的吴王夫差随即国灭身死。

捧胸作态的西施，在吴亡之时却被越夫人沉江而死，身穿绮罗的美女旋即变为飞扬的尘埃。料想至今，冤屈而死的无主鬼魂，还夜夜在姑苏城外徘徊吧。旧时月亮空照着早已荒芜的姑苏台。

"怨魂无主尚徘徊。"柳永在这首词里咏西施，最后选择了悲剧结局。是啊，西施万万没想到，就在越军攻入吴王行宫复国大业成功之时，自己却被因妒忌而一心想除掉她的越夫人沉袋屈死。原来，越夫人曾经问勾践："大王，有朝一日灭了吴国，你该如何封赏西施呢？"勾践想也没想就顺口说道："西施复国有功，寡人要封她为越国最大的夫人。"一股妒意涌上越夫人的心头，西施在劫难逃。临到沉河之前，西施知道了是怎么一回事。越夫人隔着麻袋问："西施，你要看看天吗？"西施就这样绝望且倔强地回答道："越国的天和吴国的天，是一模一样的，我不要看！"

西施，一个弱女子，为了越国远离家乡父母，在吴宫深锁十四年，以致牺牲了最珍贵的青春年华和爱情。最后，在复国之际，没死在吴国人手里，反被她深爱着的故国之人除掉。那冤屈而死的柔弱鬼魂，怎不在姑苏城外夜夜地徘徊呢？苏州的老百姓没有把西施忘掉，在她死的地方建造了"袋沉桥"。然而这样兔死狗烹的悲剧结局令人叹息。

柳永在《双声子·晚天萧索》中的浪漫结局让人感到几许安慰：西施没有死，范蠡大夫一叶扁舟载着她涉三江、入五湖，双双隐居于水天苍茫处、世外桃花源，笑看天边浮云和缤纷落花，厮守百年。

古繁华茂苑，是当日、帝王州。咏人物鲜明，土风细腻，曾美诗流。寻幽。近香径处，聚莲娃钓叟簇汀洲。晴景吴波练静，万家绿水朱楼。

凝旒。乃眷东南，思共理、命贤侯。继梦得文章，乐天惠爱，布政优优。鳌头。况虚位久，遇名都胜景阻淹留。赢得兰堂酝酒，画船携妓欢游。

——《木兰花慢》

这是一首投献酬和的赠词，投献对象应是时任苏州的太守吕溱。柳永赞美这位苏州地方官"继梦得文章，乐天惠爱，布政优优"，称道他"赢得兰堂酝酒，画船携妓欢游"的优游生活，从中可以感知北宋时期官场的风气和时尚。

苏州自古繁华，是当时春秋吴国都府。多少诗词赞美那里的风土人物。探幽寻胜时，发现距西施采香径不远处的汀洲，聚集和簇拥着采莲女和渔翁。晴空万里的太湖浩渺练洁，绿水岸边有万家朱楼。

帝王为此眷顾东南之地，思考任命贤德的君侯治理苏州。特意空着苏州太守一职，就是为了赐予独占鳌头的贤才，大人您继承了时任苏州刺史刘禹锡、白居易的文章和仁爱，施政优厚宽和，却被这名都胜景一再挽留，赢得了美酒佳酿和携歌伎画船泛湖的欢娱。

柳永称赞时任苏州太守的吕溱有刘禹锡、白居易的诗才和仁爱，施政宽和，风流儒雅，对太守的德才和政绩给予了很高的颂扬。不幸的是，吕溱因"躬勤政事，为两浙第一"积劳成疾，到任不久即辞世西归。

柳永词中留下的"晴景吴波练静，万家绿水朱楼"，成为古人赞美苏州景观的佳句。

事实上，柳永一生迷恋吴侬软语、草长莺飞的江南，曾经多次来到苏州。后来他到晚年还来过一次，这次写了一首词：

全吴嘉会古风流。渭南往岁忆来游。西子方来、越相功成去，千里沧江一叶舟。

至今无限盈盈者，尽来拾翠芳洲。最是簇簇寒村，遥认南朝路、晚烟收。三两人家古渡头。

——《瑞鹧鸪》

西施和范蠡的爱情传说，与芳洲翠绿、寒竹晚烟、古渡人家等一幅幅美丽的江南画面糅合在一起，就是柳永记忆中的江南。

三吴嘉好都会，苏州自古风流。全吴嘉会，指的就是苏州，唐朝以后，就俗称平江府为吴会。渭南，泛指渭水以南。他回忆往年在渭南的长安时曾到此一游。西子，指的是吴越美女西施。越相，即范蠡。这里盛传着当年范蠡送西施入吴时，相约将来灭吴功成之后，一起驾扁舟泛游五湖的美好传说。柳永厌倦了名利的追逐，生出了扁舟一叶，归隐五湖的想法。想来，他是期盼着与一个意中的佳人，一同在苏州老去的吧。这一片山清水秀的灵地，倒确是宜于终老的。

"盈盈者"，是指仪态美好的年轻女子。至今仍有无数的美好女子都来此芳草丛生的小洲春游嬉戏，拾取翠鸟羽毛巧做首饰。最令人心醉的是，在傍晚的雾霭消散后，眺望江南如画的景色，渐渐辨认出那一丛丛竹林处、那古老渡口边的三两户人家。

柳永的词笔白描了一卷关于苏州郊野渡头图景。江心洲上，踏青游玩的妙龄女子盈盈欢笑。簇簇村庄，落落野花，袅袅炊烟染碧空，古道阡陌，夕阳芳草正迷离。古渡头边，三两人家，白墙黛瓦，竹影倾斜。暮色收紧了，鸡鸭归笼，几声犬吠，几粒星光……

宋代苏州的小村落，从清晨到黄昏都是这样美好而略微惆怅的意境，一种淡淡的古典的、晚烟气息。像是宋元文人的一幅淡墨写意，温情而苍朴，余韵袅袅。一个城市的历史，便是这个城市的性格。烽烟荡尽，仍然是这个如画如故的江南；荣辱沉浮，依旧是这个绿杨深浅的苏州。

扬州曾是追游地，酒台花径仍存

宋真宗景德四年（1007年），柳永来到扬州。这里曾经是他少年时来过的旧游之地，记忆中的一些景物依稀还在。

> 鸣珂碎撼都门晓，旌幢拥下天人。马摇金辔破香尘。壶浆盈路，欢动一城春。
> 扬州曾是追游地，酒台花径仍存。凤箫依旧月中闻。荆王魂梦，应认岭头云。
>
> ——《临江仙》

这首词显然是向官员投献干谒之作，与他旖旎谐婉的词风有所不同：少了几许"脂粉"味，多了几许"英雄"气。不过，其遣词用句，诸如"香尘"、"酒台花径"、以及"凤箫"、"月中"、"魂梦"等等，还是从骨子里透出几分轻逸、柔曼和华美。

"扬州曾是追游地，酒台花径仍存"，是的，扬州对他来说并不陌生。公元994年，即宋太宗淳化五年，柳宜除去全州通判的职位，以善赞大夫的身份调往扬州任职，年仅十一岁的柳三变亦随之前往。从十一岁到十四岁，柳三变在扬州一待就是四年，直到十五岁，才跟随叔父回到故乡崇安，承欢于祖母膝下。

马所佩戴的鸣珂叮当作响，清脆的敲击声震动了京都城门拂晓的天空，仪仗队旗帜下簇拥着貌若神仙的朝廷大员。跨下骏马摆动金饰的辔绳，奋蹄踏破一路香尘。大道两旁茶酒相迎，欢呼声在春天京城的天空中回荡。

扬州曾是追随父亲宦游之地，宴饮的亭台以及花间的小路都还在。在月色下依旧可听到那妙如萧史、弄玉能致孔雀和白鹤飞舞于庭的箫声。应该记得，荆王刘贾当初建功立业的英雄之梦，就像岭之云那样高远。

柳永在这风月无边的扬州，自有一番艳遇。

> 是处小街斜巷，烂游花馆，连醉瑶卮。选得芳容端丽，冠绝吴姬。绛唇轻、笑歌尽雅，莲步稳、举措皆奇。出屏帏。倚风情态，约素腰肢。
>
> 当时。绮罗丛里，知名虽久，识面何迟。见了千花万柳，比并不如伊。未同欢、寸心暗许，欲话别、纤手重携。结前期。美人才子，合是相知。

——《玉蝴蝶》

这首词写了美人和才子初次相见的一幕。

小街斜巷的秦楼楚馆中，柳永连饮几杯酒后有些醉意了。朦胧中，正遇到了一位"芳容端丽，冠绝吴姬"的美丽女子。既是吴姬之冠，莫非就是人们传说的谢玉英？

在那扬州城的秦楼楚馆内，柳永眼中的谢玉英貌美如花、清雅高洁。她红唇轻绽，一笑一颦、一歌一舞，都那样风雅迷人。走起路来莲步轻移，举手投足间无不透着高雅气质，却又难掩天生丽质，是当之无愧的花中之魁。

他觉着恍惚、眩晕，不知今夕何夕。世间怎会有美得如此令人心旷神怡的女子？她朱唇轻启，为他唱响一曲清雅之歌。再回首，又见她莲步轻移、水袖翻飞，为他跳起一支旖旎的舞蹈，风情万种。他眼里，她便是这世间绝无仅有的美景，令他心旌摇荡。或许，这便是缘分。

走出身前精致屏帏，她袅袅娜娜地起舞，那种纤腰轻摆、随风飘逸的风采令人倾心。只一个轻情的眼神，便勾得他神魂颠倒，无法自拔。虽对她谢玉英的美名早就如雷贯耳，却迟至今日才有幸得见其面。究竟，这是他之幸，还是他之不幸？

她含笑不语，舞动水袖，在他身边不停地转着圈，旋转，旋转，再旋转，只想为他舞尽今生所有的美丽,将他长长久久地留住。到底,是留得住,还是留不住?她发现,这男人的确与众不同,只为他一双柔情一露的眼睛,她便逃不开命运既定的安排。他陷入了她的温柔乡,她沉进了他的情意缠绵。他和她终是鸳鸯好梦,蝴蝶双飞,再也分不出彼和此。

他见了千花万柳,却没一个比得上她貌美婵娟。这场相遇让他等待了太久太久。此时此刻,他的眼里只有她,只有那个轻舞飞扬的女子。四目相对,两心相知。他与她,虽未曾携手同欢,却早已芳心暗许、情意缱绻。欲话别时,却不知从何说起。她伸过纤手紧紧握住他的手,含情脉脉地望向他欲言又止。默然无语间,她怅怅然转身,轻抚一曲《长相思》,有淡淡的哀愁结于眉间。乍然相逢,又要分离,怎能不让她愁肠百结?

也许,美人和才子的相遇相知是前世注定的吧。

> 香靥深深,姿姿媚媚,雅格奇容天与。自识伊来,便好看承,会得妖娆心素。临歧再约同欢,定是都把、平生相许。又恐恩情,易破难成,未免千般思虑。
>
> 近日书来,寒暄而已,苦没切切言语。便认得、听人教当,拟把前言轻负。见说兰台宋玉,多才多艺善词赋。试与问、朝朝暮暮。行云何处去。
>
> ——《击梧桐》

你有一对深深的甜美酒窝,姿姿媚媚、美丽动人;你那高雅格调和非凡容貌与生俱来。自从认识你以来,就好生看待,懂得你的心意。临别时再次相约欢会,约定的是愿许终身。又担心爱情容易破碎终难实现,不免千般忧虑。

近日寄来的书信,只是一些寒暄的客套话,苦于再也没有往日的唠叨絮语了。便听任别人相告,打算把临别相赠的盟约轻易地辜负。听说兰台宋玉多才多艺特别擅长词赋,他可是坐怀不乱、专情不二啊。试相问,日日夜夜思念的心爱人儿,你行踪不定,要去何处?

宋玉是风流才子,也是美男子。曾有"宋玉东墙"的逸事,说的是宋玉东邻有一女，登墙窥视宋玉三年而宋玉不与之交往。词中，柳永常自比宋玉。"见说兰台宋玉，多才多艺善词赋。"显然是表明自己就是专情的宋玉。同时，也委婉告诫对方自己是认真的，就看你如何取舍了。

这首词是对佳人"拟把前言轻负"时所发出的嗟怨。这段故事在《古今词话》《绿窗新话》等宋人笔记中有不同记载。在宋人罗烨所著《醉翁谈录》丙集卷之二《花衢实录·柳屯田耆卿》中，有这样一则《柳耆卿以词答妓名朱玉》：

"耆卿初登仕路日，因谒福之宪司，买舟经南剑，遂游于妓者朱玉之馆。朱玉云：'素闻耆卿之名。'倾意已待之。饮数日。偶值太守生辰，朱玉就耆卿觅庆寿之词。耆卿乃作词与之。及贺，太守闻朱玉所讴之词，大悦，厚赏之，乃询其作词之人。朱玉以柳七官人答之。太守谓朱玉曰：'见其词而想其人，必英雄豪杰之士，宜善待之。'朱玉自是与耆卿恩爱愈恰。及耆卿解缆东去，临别，朱玉约以归日为款。及柳耆卿归，再访之，恰值朱玉有迎迓之役。柳意默默，遂书一小词于花牋之上以寄之。词名《西江月》。"

同时，在宋代皇都风月主人编的传奇小说集《绿窗新话》卷上《柳耆卿因词得妓》中也有这样一段描写："柳耆卿尝在江淮，倦一官妓。临别，以杜门为期。既来京师，日久未还，妓有异图，耆卿闻之怏怏。会朱儒林往江淮，柳因作《击梧桐》以寄之，曰：'香靥深深，孜孜媚媚，雅格奇容天与。自识伊来，便有怜才心素。临歧再约同欢，定是都把身心相许。又恐恩情易破难成，未免千般思虑。近日书来，寒暄而已，苦没忉忉言语。便认得听人教当，拟把前言轻负。见说兰台宋玉，多才多艺善词赋。试与问朝朝暮暮，行云何处去？'妓得此词，遂负媿，竭产，泛舟来辇下，遂终身从耆卿焉。"

明代冯梦龙根据宋人笔记整理后，以小说笔法在所著《喻世明言》里写成一篇《众名姬春风吊柳七》。柳永与谢玉英的情爱故事在文中所载甚详。柳永宦游江浙时，江州有个当红歌女谢玉英平生最爱唱柳永的词。柳永时任余杭县令，途经江州在歌楼舞馆里结识了色艺俱佳、美貌温柔的谢玉英。在她的闺房里，柳永见到书案上有一册《柳七新词》，都是她用娟秀的蝇头小楷一笔一笔抄录的。柳永见了十分感动，与谢娘的一番晤谈也是十分投机，于是心底认定她是个红颜知己。激动之下，便握了她的纤纤素手表白了自己的一番爱意。谢娘也深为所动，发誓从此闭门谢客以待柳郎。

临别时，柳永与谢娘依依不舍，两情缱绻。柳永在余杭任上三年，始终未忘与谢玉英之约。任满回京时，他专程到江州与她相会。不想那谢玉英居然又接新客，陪人喝酒去了。柳永心里十分惆怅，于是便在花墙上赋词一首，述三年前恩爱光景，又表今日失约之不快，最后道："见说兰台宋玉，多才多艺善赋，试问朝朝暮暮，行云何处去？"谢玉英回来后，见到柳永词，叹他果然是多情才子，自愧未守前盟，就卖掉家私赶往东京寻柳永。

几经周折，谢玉英在东京歌女陈师师家找到了柳永。两人久别重逢，种种情怀难以诉说，于是便再续前缘。谢玉英就在陈师师东院住下，与柳永如夫妻一般生活。后来柳永出言不逊，得罪朝官，仁宗罢了他屯田员外郎。从此，柳永出入青楼舞馆，衣食都由歌伎舞女们供给，只求他赐一词以抬高身价。他也乐得以填词为业，自称"奉旨填词柳三变"

除了苏州、扬州，据说柳永还到过金陵。

据宋代罗烨《醉翁谈录》中记述，柳永有一天与朋友张生一起到金陵名妓宝宝家。那张生颇慕宝宝姿色，有些一往情深的意思。但宝宝对张生没有感觉，心中却属意当时一位富家公子。柳永与张生一同欢宴于宝宝家时，恰好那位富家公子早就在那里。当时宝宝不愿他们见到这位富家公子，就将其藏于密室。然后宝宝同柳永、张生二人喝了几杯酒，佯装喝醉而去就寝。实际上是与那富家公子私会去了。

朋友张生不解宝宝为何如此。柳永心中却明白了，就对他讲了一个故事：何仙姑独居仙机岩，一日曹国舅来访。二人正谈论间，吕洞宾飞剑驾云而至。国舅遥遥望见，怕吕洞宾对二人孤男寡女会面产生误会，便欲避开。何仙姑就将这曹国舅变为仙丹咽进肚里。吕洞宾到来后,与仙姑聊天没多会儿,汉钟离、蓝采和又来了,何仙姑就让吕洞宾将其化为仙丹吞到肚里。

蓝采和问吕洞宾为何一人在此独坐,洞宾说他刚路过休息。蓝采和就笑着说:"别再戏弄我了,你肚中自有仙姑,快让她出来见我。"仙姑只好出来了。汉钟离对蓝采和说,你道吕洞宾肚中有仙姑,不知仙姑肚中更有一人。大家便叫那人出来,结果曹国舅也尴尬地出来了。

故事说到这里,张生方悟到宝宝的心事,便与柳永一起离开。柳永走开前拿笔在墙上写了一首《红窗迥》和宝宝开了个玩笑:

小园东,花共柳,红紫又一齐开了。引将蜂蝶燕和莺,成阵价,忙忙走。

花心偏向蜂儿有,莺共燕,吃他拖逗。蜂儿却入,花里藏身,胡蝶儿,你且退后。

——《红窗迥》

词的表面是写春景。"小园东,花共柳,红紫又一齐开了"展示一片浓郁春意。"引将蜂蝶燕和莺,成阵价,忙忙走"静中有动,借蜂、蝶、燕、莺,渲染出了春景绚丽。

下面的"花心偏向蜂儿有"写蝴蝶戏花。"莺共燕,吃他拖逗"两句拟人情态,生动有趣,"拖逗"活画出莺、燕为花吸引却又无可奈何的神态。"蜂儿却入,花里藏身"这两句写蜜蜂采蜜,"藏身"二字活灵活现。最后两句以蜜蜂口吻写:"胡蝶儿,你且退后",颇有妙趣。

此词用口语、俗语入词,对花儿与蜂、蝶、莺、燕的描写充满了情趣。难怪引发了人们的想象编出一番故事来。这种写法,就是后世津津乐道的所谓"柳七风味"、"屯田家数"。

这首词也显出柳永性情中的另一面:洒脱不羁、风趣幽默,嬉笑怒骂皆能入词。

有美瑶卿能染翰，千里寄、小诗长简

　　有美瑶卿能染翰。千里寄、小诗长简。想初襞苔笺，旋挥翠管红窗畔。渐玉箸、银钩满。

　　锦囊收，犀轴卷。常珍重、小斋吟玩。更宝若珠玑，置之怀袖时时看。似频见、千娇面。

——《凤衔杯》

　　瑶卿这名字，很是引人遐想。

　　西王母的居住地就叫瑶池。她的女儿名叫瑶姬。可见这名字有几分仙气。琼瑶碧玉，卿卿我我。一声声，轻轻唤，温玉在口，晶莹香甜。

　　瑶卿不仅生得美，名字美，更重要的是还会赋诗著文，翰墨丹青。这一点柳永很是看重，视她为红颜知己。

　　瑶卿给远在千里之外的柳永寄来了小诗长简，心心念念，见信如晤。"染翰"，翰是翰墨之义，指染翰成诗，即写字作诗，"想初襞苔笺"，襞，本义为折叠衣物，这里是指剪裁折叠信笺。苔笺，是一种用苔纸制成的小笺，多用来写诗。

　　瑶卿的书简给他带来了一种美妙温馨的气息。他想象着，猜测着，她是怎样将这些信笺裁开，又是怎样将这些信笺折叠。他沉迷于这样猜想，并在猜想的过程中感受到幸福。

"旋挥翠管红窗畔",翠管,毛笔笔管多用翠竹制成,故称翠管。她裁好了纸,就坐到她的小轩窗下,准备给他写信。窗外一帘风月,桌上一砚相思。纤纤指执翠玉管,这是一场纸上的舞蹈,舞给他看,一撇一捺都是情意。

"渐玉箸、银钩满",玉箸,银钩,都是指写得很漂亮的书法文字。柳永对这份远道而来的礼物格外珍爱。他精心装裱,用犀角做轴,以锦为囊,将诗简珍藏于书房之中,时常吟咏欣赏,喜爱不已。即使是这样,他依然嫌不够。这分明是珠玉珍宝啊。于是,他把这诗简带在身上,捂在怀里,揣在袖中。见其字如晤其人。她那千娇百媚的美貌、锦心绣口的才气和淡淡书卷气质,让他迷恋怀想,深情而甜蜜。

这首词写得好,很是清雅流畅。被人评为:"细密而妥溜,明白而家常。"

柳永给歌伎舞女写词,情感无不真挚恳切。他对她们爱怜有加。遥远的距离,有时也让这种情感来得更为珍贵。柳永词里写尽了柳腰莲步的善舞女,也写尽了感情里的香艳与凄清,他却是第一次对一位女子有这样的情绪,如初涉情爱的少年儿郎,字里行间有掩不住的欣悦。从柳永这首词来看,他对瑶卿更是十分看重。

毕竟美丽的女子让人喜欢,美丽而有才的女子更让人格外青睐。何况这位才女格外喜爱柳永的词,更爱慕他的才气:

> 误入平康小巷,画檐深处,珠箔微褰。罗绮丛中,偶认旧识婵娟。翠眉开、娇横远岫,绿鬓軃、浓染春烟。忆情牵。粉墙曾恁,窥宋三年。
>
> 迁延。珊瑚筵上,亲持犀管,旋叠香笺。要索新词,䐶人含笑立尊前。按新声、珠喉渐稳,想旧意、波脸增妍。苦留连。凤衾鸳枕,忍负良天。
>
> ——《玉蝴蝶》

就是这位曾经在平康坊巷的一次歌舞宴席上与柳永无意间重逢的旧识,一位娇美多才、美如婵娟的歌女,黛眉如一抹远山,秀发如春日云烟。她对柳永暗递秋波,如那爱慕宋玉的东邻之女。起初有些犹豫徘徊,终于鼓起勇气手持纸笔,含笑婷婷立于席桌前,向柳永索要新创作的词。她照着新词动情地歌唱起来,歌声如珠落玉盘般动听。此时的她脸现红晕,娇艳如花,沉醉在美好的意境中。她懂得他的词,更懂得他的心。她是他永远的知音。

她莫非就是这位才女瑶卿?这位堪称知己的才女瑶卿,与柳永频频传书:

追悔当初孤深愿。经年价、两成幽怨。任越水吴山,似屏如障堪游玩。奈独自、慵抬眼。

赏烟花,听弦管。图欢笑、转加肠断。更时展丹青,强拈书信频频看。又争似、亲相见。

——《凤衔杯》

后悔辜负了当初深切的愿望。经过多年,两人都有愁怨郁结在心中。任凭吴越的山水,仿佛屏风上的画一样美丽还可以游玩。奈何独自一人,慵懒抬眼去欣赏。

看春天的美景,听歌舞表演。只图欢笑,反而更加悲痛。更时常展开画像,勤勉地频频看书信。又怎似亲身相见。

词中有"经年价、两成幽怨"句,说明此词当作于柳永离京第二年。"越水吴山"说明柳永远游之地是苏杭。可知此词乃柳永客居苏杭之作。

当初与所爱之人离别,辜负了她对自己的一片深情厚谊,现在回想起来真是追悔莫及。时光飞逝,纵然一个心愿深深,一个旧情萦绕,相见却遥遥无期。

词人试图在山水管弦中寻求欢笑,谁知这种努力反而增添了忧思。万般无奈,只好展开那丹青绘就的美人画像细细观看,再把她寄来的书信一遍遍地读了。"时展丹青"、"强拈书信"的动作细节生动传神,表现了词人的相思愁苦和内心挣扎。

当然,"又争似、亲相见",但是,丹青可绘出她的肖像,笔墨固然可以传情,终究比不上"亲相见"。

这位能书善画的女子又是谁呢?必定就是那能染翰墨的女才子瑶卿。

冻云黯淡天气,扁舟一叶,乘兴离江渚。渡万壑千岩,越溪深处。怒涛渐息,樵风乍起,更闻商旅相呼;片帆高举。泛画鹢、翩翩过南浦。

望中酒旆闪闪,一簇烟村,数行霜树。残日下、渔人鸣榔归去。败荷零落,衰柳掩映,岸边两两三三、浣纱游女。避行客、含羞笑相语。

到此因念,绣阁轻抛,浪萍难驻。叹后约、丁宁竟何据!惨离怀、空恨岁晚归期阻。凝泪眼、杳杳神京路,断鸿声远长天暮。

——《夜半乐》

正值严冬,阴云遮蔽着天空,天地间一片黯淡。柳永乘坐一叶小小扁舟,乘兴离开了沙洲的江岸。

越过万道深壑千道高岩,进入若耶溪水湾,狂涛渐渐将要平息下去,山风却又突然刮起了风来,听到商贾旅客互相呼唤。一片征帆高悬航船浮游、轻轻悠悠地驶过了南岸。

放眼望去远处酒旗晃动,一座烟笼村落霜花斑斑。夕阳残照渔人敲响船舷。枯败的荷花都纷纷零落,晚霞透过杨柳忽掩忽现。岸边三三两两浣纱姑娘,躲避着游客羞涩地笑语。

到了这遥远的异乡,方才想轻易被离弃的那深闺绣阁中的佳人。如今自己像流浪漂泊的浮萍,难寻立身之处。可叹当初相约的誓言,虽是离别时反复叮咛却根本无法实现。只恨这年岁将晚,归期受阻,空留下一腔惨淡的离情别绪。只能在模糊泪眼中远望通往京都的道路。耳畔只听得远远传来孤雁的啼叫呼唤,眼中只见得暮色里那山高水长路迢迢。

人面桃花，未知何处，但掩朱扉悄悄

  花发西园，草薰南陌，韶光明媚，乍晴轻暖清明后。水嬉舟动，禊饮筵开，银塘似染，金堤如绣。是处王孙，几多游妓，往往携纤手。遣离人、对嘉景，触目伤怀，尽成感旧。

  别久。帝城当日，兰堂夜烛，百万呼庐，画阁春风，十千沽酒。未省、宴处能忘管弦，醉里不寻花柳。岂知秦楼，玉箫声断，前事难重偶。空遗恨，望仙乡，一饷消凝，泪沾襟袖。

——《笛家弄》

  宋仁宗天圣七年（1029年），漫游吴越的柳永返回京师，汴京繁华依旧，但故交零落，物是人非，触目伤怀，这首词据说就是柳永长期羁旅异乡后重返京都时所作。

  初晴微暖的清明节，春光明媚，西园鲜花盛开，南陌青草飘香，池塘里，水波荡漾，轻舟起伏，消灾祭祀的春禊之宴正热闹举行。池塘的水面上，在阳光映照下如同染上了一层银亮色，那沐浴阳光的金色堤坝也如同锦绣般美丽。这里，来来往往的王孙贵族，牵着游玩歌伎的纤纤细手，享受着大好春光，快乐无比。

可见，柳永归来时正是过了清明时节，帝都花草依然繁茂，郊外游人依然如故。但从曾经长期羁旅在外的柳永眼中看来，却触目伤怀，感慨万千，往事历历如梦。离别京都已太久了。想当年在京都的日子，夜晚，灯火辉煌的厅堂里，人们挥金如土，不惜豪赌；白日，春风和暖的画阁内，人们斗酒千金，醉生梦死。而此时，人们却早已听不见当年酒宴上的袅袅乐曲，也无心再去寻花问柳了。

哪里知道世易时移，物是人非，此时虽身处当年的青楼旧舍，再找不到那些窈窕身影和如花笑脸了。过去的美好回忆却早已烟消云散，不会再重来了。遥望这仙境般的都城，只能空留怅恨。片刻凝神回忆后，不禁令人泪湿衣襟。长歌当哭！任你走遍天涯，看那凋零的繁华满地，看那无法兑现的诺言与生命中最深的爱恋，散尽烟云！

碧霄苍茫，牵住忧伤的目光。弯眉间，注定成为一纸过往。可叹这一春的落花缱绻，一笑间醉了红颜，碎了前缘。

人面已杳然，桃花犹自开。丝弦轻颤，风帘微开，是谁在风中徘徊不去，留下相思复牵连？

春禊祭祀盛况，这景美人美不禁触动了词人敏感的神经，大好春光却使词人无限伤怀。京都物是人非，如今羁旅落拓，空留怨恨，无奈秦楼寻欢，也只是"借酒消愁愁更愁"啊！

　　花隔铜壶，露晞金掌，都门十二清晓。帝里风光烂漫，偏爱春杪。烟轻昼永，引莺啭上林，鱼游灵沼。巷陌乍晴，香尘染惹，垂杨芳草。

　　因念秦楼彩凤，楚观朝云，往昔曾迷歌笑。别来岁久，偶忆欢盟重到。人面桃花，未知何处，但掩朱扉悄悄。尽日伫立无言，赢得凄凉怀抱。

——《满朝欢》

"铜壶"，古代以漏计时的工具。"露晞金掌"，汉武帝迷信方术，求露水饮之以求长寿。在神明台上立铜仙人，以掌接露水。"春杪"即杪春，指暮春时节。"灵沼"，指宫中的池泽。秦楼彩凤，楚观朝云，指当年青楼的歌舞女们。

柳永回到汴京重游时被春光所吸引，由此想起了昔日相恋的歌伎，但当他去寻访时却人去楼空，让作者感到无尽凄凉。

暮春时节的早晨，铜人手掌上的露水已经干了，京城迎来了一个风光独好的清晨。你看这里的春天多么有生机，袅袅的轻烟，黄莺儿在树林里尽显它婉转的歌喉，鱼儿在池塘中欢快地游。雨后初晴的阳光洒满大地，垂柳依依、芳草萋萋，大街小巷飘荡着鲜花的气息。

在这明媚的春光里，词人禁不住想起了他相识相知的歌女们。别来已久，相约欢会的日子又到了。当作者兴冲冲地来到往日欢会的地方，谁知人去楼空，却不知思念的人儿身处何地？只能怔怔地伫立无语，落得个满腹的伤感凄凉！

柳永的一生，是"嗟因循，久作天涯客"的孤独，是"望故乡渺邈，归思难收"的乡愁，是"岂知聚散难期，翻成雨恨云愁"的思苦，所有一切，最终化作"衣带渐宽终不悔，为伊消得人憔悴"的执着。他所向往、所珍视的温情世界已经成为一个精神的家园。这个家园和离别、孤独和死亡的恐惧是如此紧紧地纠缠在一起，构成了柳永作为生命个体的生存感受。

由于寻访故人不遇，并由此而感发的对往日欢乐、青春年华已逝的感伤，或许还有奔波京华、羁旅他乡的凄凉。有时不经意之中遇到的美好事物，当刻意去追寻时已经一切成空了，岂不令人愁怅感慨？

谁的眼醉了谁的梦，谁的梦中包裹着这片醉人的花香。耳中飘过九天之上的梵音，是谁的歌化作今夜的星辰？前世，你是桃花一片，遮住了思念的天空。来生我是桃花一片，曾经凋零在你梦里的指尖。

红尘中一声长叹，憔悴了缤纷落花，凋零了曾经思念的容颜。

红尘紫陌,斜阳暮草长安道

  上国。去客。停飞盖、促离筵。长安古道绵绵。见岸花啼露,对堤柳愁烟。物情人意,向此触目,无处不凄然。

  醉拥征骖犹伫立,盈盈泪眼相看。况绣帏人静,更山馆春寒。今宵怎向漏永,顿成两处孤眠。

——《临江仙引》

  柳永即将离开汴京,前往西边的长安漫游。在通往长安的古道边,他与送行的女子依依惜别。

  在都城汴京,离人正与佳人依依道别。停在路边的马车,仿佛在催促离别酒宴上的那对即将分别的情侣。长安古道绵绵不尽。只见河岸边带露的花朵似乎正在悲哀的哭泣,对面长堤上茂密的柳林也仿佛被忧愁笼罩。

  面对此景,让人不禁触目伤怀,眼中所看到的一切无处不凄凉悲伤。

  醉意蒙蒙中,他仍持握缰绳骑马伫立,饱含离情眼泪的双眼,彼此相看,不忍离去。更何况这一离别,将是彩绣帏帐佳人孤寂,山中馆驿春夜孤寒。今宵将怎样面对这漫漫长夜,一对情侣一下子就分居两处,独自而眠。

  "上国。去客。停飞盖、促离筵",句子语势富有节奏却十分急促,表达了行色匆匆的气氛。而"岸花啼露"、"堤柳愁烟",颇有杜甫"感时花溅泪,恨别鸟惊心"的感觉,因为词人"啼"、"愁",所以他才会看到"岸花啼露"、"堤柳愁烟"。这里的"露"又象征着人的眼泪,"烟"象征着人的愁情。既是"物情",又是"人意"。意境极其凄绝、迷离,"向此触目,无处不凄然"。

这时词人已经喝醉了,坐在车上。"伫立",是想要留在此地,不想继续走下去了,因为思念。"盈盈泪眼相看","盈盈"的泪水饱含着依依惜别的情意。当对方已经在视线中消失的时候,词人又想到这次离别之后的孤寂。"今宵怎向漏永,顿成两处孤眠",同一个"今宵",一对情侣分离两处孤枕难眠。这令他无可奈何,更无法忍受。

  一声鸡,又报残更歇。秣马巾车催发。草草主人灯下别。山路险,新霜滑。瑶珂响、起栖鸟,金钲冷、敲残月。渐西风紧,襟袖凄冽。
  遥指白玉京,望断黄金阙。还道何时行彻。算得佳人凝恨切。应念念,归时节。相见了、执柔荑,幽会处、偎香雪。免鸳衾、两恁虚设。

——《塞孤》

这首词写尽了远行客跋山涉水、沐雨栉风之苦,还有他深藏内心的最温柔最美好的梦想。

在一声鸡鸣中,天又破晓。驿馆外的车马已经备好,正催人上路。柳永只得在灯下与驿馆主人匆匆道别。一路上,山路崎岖险峻,初霜路滑。马佩的瑶珂叮当作响,惊起了山间栖息的飞鸟。金饰的马镫冰冷沁骨,嘚嘚的马蹄声敲打着一路残月余晖。渐渐地,秋风开始凛冽发威,吹得行路人衣襟袖口阵阵寒意透骨。

勒马山头,他遥遥指点那白玉般繁华富贵的京都,深情凝望那红尘深处的华丽宫阙。不觉深叹眼前这遥远的征程何时是尽头啊?料想佳人此时一定满怀怨意，急切期盼我早日归去吧。是呀，应该想想回归的时候了。如果再相见，要握住她那似柔荑的双手，幽会时要依偎着她似香雪般的肌肤。不要让鸳鸯被就这样两处虚设，以致孤枕无眠了。

哪怕是路远天寒，哪怕初霜径滑，他依然怀抱一份温馨的向往，期待一种美好的人生体验！脉脉温情是感性世界中最有代表性的力量，它为人创造了一个美好而完整的情境，在这个情境之中，人可以尽情地享受快乐，忘掉一切的烦恼。并从那些温柔的倾慕与相思中，意识到自己的存在。所以柳永只能认同温情为自己最后的家园，并支持着自己漂泊无依的人生之旅。

红尘紫陌，斜阳暮草长安道，是离人、断魂处，迢迢匹马西征。新晴。韶光明媚，轻烟淡薄和气暖，望花村、路隐映，摇鞭时过长亭。愁生。伤凤城仙子，别来千里重行行。又记得临歧，泪眼湿、莲脸盈盈。

消凝。花朝月夕，最苦冷落银屏。想媚容、耿耿无眠，屈指已算回程。相萦。空万般思忆，争如归去睹倾城。向绣帏、深处并枕，说如此牵情。

——《引驾行》

又是离别，又是长安古道上，柳永即将西行。

眼见得那落日西沉，芳草萋萋。黄尘飞扬的长安古道上，是最让离人断魂的地方。此时此际，他孤身匹马，走上迢迢西征远行之路。

这天的天气初晴，风和日丽，阳光明媚，空气里漫着一层轻烟薄雾。如此和暖的天气，如此明媚的风景，却让人黯然销魂。他极目四顾，遥望鲜花盛开的村落掩映的道路，拍马挥鞭时正好路过那十里长亭。心里却升起一阵愁意，想起远在京城里的佳人不由得一阵伤感。当初离京时，她不正是在长亭送别自己吗？不知不觉间，现在已远在千里之外了。还记得临歧送别时，两人执手相对，彼此凝望。那女子如莲般的容颜被盈盈泪水湿透，叫人心生怜意，不忍转身离去。

一路马蹄嘚嘚，骑马人却兀自沉默不语，黯然销魂。自分离以后，每到良辰美景时分，她一定会感到内心凄冷清苦。每每想到那娇媚的容颜，会辗转难眠。心事牵萦的你也许已经开始屈指计算远行人回程的佳期。彼此空有万般的追思回忆，真的不如尽量早归，好与日夜思慕的人相会，亲睹那倾城的芳容。绣帐帷幕里二人同眠共枕，再将那别离后的万般思念和千般牵挂，对她一一诉说。

"凤城仙子"：据传，秦穆公有女名弄玉，能吹箫引凤。凤凰曾降落京城，遂京城又名"丹凤城"。后常以"凤城"称呼京城。这位"凤城仙子"应是远在京城里的佳人，一个他生命中真实情感的寄托者。读过柳永笔下这样的离别与相思，看似文字间充满惆怅和愁苦，其实也让人深切体味到他对这种人与人真情流露的珍惜和迷恋。哪怕对方是风月场中的女子。这一丝真实存在过的相思和怀念，其实正说明他的生命中还存在着一丝值得他捧在手心呵护的热力和温度，生活中还存在着值得他牵挂和眷恋的人和事。

所以，柳永的这些羁旅词通过旅途萧瑟景物的逼真描摹，通过对自己心底孤独寂寞的浓情抒写，对过往风花雪月的渲染和追忆，对悲欢离合的深吟苦叹，来展示自己对人生的悲剧性体验。在名利为重的冷漠社会氛围中，他为自己搭建了一个充满人情味的温暖角落，为人性涂抹了一丝温情的亮色。

后面我们会看到，当垂垂老矣的晚年柳永连歌舞饮宴和男女欢情都不再有热情和兴趣的时候，他的生命就快速地走到尽头。

锦里风流，蚕市繁华，簇簇歌台舞榭

  井络天开，剑岭云横控西夏。地胜异、锦里风流，蚕市繁华，簇簇歌台舞榭。雅俗多游赏，轻裘俊、靓妆艳冶。当春昼，摸石江边，浣花溪畔景如画。

  梦应三刀，桥名万里，中和政多暇。仗汉节、揽辔澄清，高掩武侯勋业，文翁风化。台鼎须贤久，方镇静、又思命驾。空遗爱，两蜀三川，异日成嘉话。

——《一寸金》

  柳永漫游的足迹还曾经到过西蜀的成都。

  这一首就应当是投献当时蜀地官员的词。柳永笔下的成都，地理位置优越，风景优美，商业繁荣，民俗清纯。逛街的靓装男女，衣饰华贵鲜丽，尤其留给他深刻的印象。

  这首词中颇多地域性的专有名词，用典也十分频密。在这不到100字的词中，柳永写尽了成都的雅与俗，既有对成都周遭的地势描写，也有风土民俗的介绍，更有繁华蚕市、歌舞台榭的陈述，还有对能官干吏的称颂。

  "井"，专指岷山，又泛指蜀地。络是"笼罩"、"联系"之意。"井络"指井宿照及的地方。"井"是星宿名,二十八星宿之一。由八颗星组成,又称东井或天井,属双子座。中国古代天文学根据天空星宿的位置,划分地面上的相应地区,叫星宿分。《河图括地象》曰:"岷山之地,上为井络,帝以会昌,神以建福,上为天井。"

"剑岭",即古蜀剑山。李商隐有《井络》诗:"井络天彭一掌中,漫夸天设剑为峰。"也是写的蜀地自然条件的得天独厚。古蜀与西夏接壤,山岭尤其巍峨奇峭,有鸿蒙初开的浩浩剑气,直击云霄。

锦里,位于成都南,即锦官城。《华阳国志》记,"锦工织锦,濯其中则鲜明,故命锦里。"后用来代称成都。俗尚游乐是巴蜀人的一大特点。所以,巴蜀很早就兴起了旅游习俗,到唐宋时达到顶点。据《岁华纪丽谱》记载:"成都游赏之盛,甲于西蜀。盖地大物繁,而俗好娱乐。凡太守岁时宴集,骑从杂沓,车服鲜华,倡优鼓吹,出入拥导,四方奇技,幻怪百变,序进于前,以从民乐。"

"蚕市",在古诗文中记载颇多,是蜀地旧俗。《成都记》里写道:"成都府十二月中,皆有市……三月蚕市。"《五国故事》记载:"蜀中每春三月为蚕市,至时货易毕集,蜀人称其繁茂。"可见,蚕市在春三月的蚕桑之时进行,买卖蚕具兼及花木、果品、药材杂物,并供人游乐。蜀地多桑木,养蚕业织锦手工业很是发达。三国的刘备占据成都时,首先发展的就是蜀锦,所以,诸葛亮曾经说:"决敌之资,惟仰锦耳。"

"摸石"则是成都的民俗活动。《月令广义》载:"成都三月有海云山摸石之游,求子,得石者生男,得瓦者生女。"

浣花溪,锦江的支流,又名百花潭。杜甫就曾在浣花溪畔居住。岷江支流流经成都称为锦江,锦江又一分为二,府河绕于东北,南河环于西南。这里河网密布降水丰沛,草树云山灿若锦绣,一年四季花开不败,处处诗情画意清闲安逸。浣花溪畔,风景如画。草堂、溪水、幽篁、藤蔓、楼阁、小桥、卵石……圆荷泻露,细麦落花,鱼儿游,燕子斜。想来正是因为浣花溪的柔软,杜甫诗中多次出现描写浣花溪水的句子。

"梦应三刀"是一个典故，出于《晋书》。说的是一个叫王濬的官员，夜里梦见有三把刀悬于卧室房梁之上，转瞬，又益（增加）一刀。醒来后，有人解梦说，三刀为州字，又益一者，必与益州有关。果然，在不久后，王濬便升迁为益州刺史。

"桥名万里"，指的是万里桥，位于成都南锦江之上。典自三国费祎出使吴，诸葛亮桥边设宴送行曰："万里之行，始于此桥。"万里桥如今虽柏油路面，桥基依然古朴。"揽辔澄清"，拉住马缰，平治天下。出自《后汉书·范滂传》："滂登车揽辔，慨然有澄清天下之志。"

文翁，汉景帝时的蜀地郡守，仁爱好教。这里是说当政者有刷新政治，澄清天下的抱负，有超越武侯诸葛亮和文翁的志向。

岷山蜀地地处星宿之分野，剑阁县北大小剑山浮云横贯西夏，成了控制西夏来犯的天然屏障。

成都地势十分优越，锦官城风情万种，人文风俗也十分出众。有举世闻名的繁华蚕市，丛列成行的歌舞台榭，歌舞升平，喧闹声、歌曲声奏出都市的繁华、喧嚣和多彩。在众多游玩观赏的人们或雅致或俗气，富家子弟衣着华丽、光鲜赏景，打扮时尚的女子，更显得艳丽娇媚。每当春末，人们相游江边摸石求子，浣花溪畔风景如画游人如织。据说当时四月十九是民间的浣花日，有摸石之游和游浣花溪的风俗。古人问生男生女为"弄璋乎？弄瓦乎？"成都民间就以摸石预测生男生女。摸石为男，摸瓦为女。

王濬的"三刀之梦"得以应验而成为益州刺史，蜀使费祎聘吴、诸葛亮桥边相送而有了万里桥的美名，正是由于当政者的善于治理，这方蜀地出现了和谐的政治局面，万物各得其所，天人和谐，百姓安宁，政事闲暇。当年，范滂手持汉节登车揽辔，慨然有澄清天下之志，功业盖过诸葛武侯。蜀郡守文翁开设学馆，仁爱好教化。您刚刚治理好这蜀地一方，又要立即动身赴任他方。清正仁爱的父母官在蜀地当政的业绩，他日定成佳话流传于世。

喜欢成都历史的人，尤其是痴迷于成都风物的人，一定喜欢这首词。"晓看红湿处，花重锦官城"，这是杜甫笔下的成都。从这首词看出，成都曾让柳永迷恋，也留下了他的足迹。

当时的益州太守为谁？一说为曾任益州太守的田况。

田况，字元均，少有大志。宋仁宗天圣八年（1030年）进士，又举贤良方正。补江陵推官，为太常丞。宋仁宗景祐元年（1034年），西夏赵元昊称帝谋反。时任陕西经略使的夏竦请田况担任幕僚。后田况被任命为陕西宣抚副使，曾奉诏干脆利落地处理了保州云翼军杀州吏据城叛乱案。坑杀敌卒数百人，朝廷对其处事果断颇为赞赏。接着田况担任龙图阁直学士，执掌成德军，督促诸将向敌发起进攻，招降两千多人。他又以正三品的枢密直学士、尚书礼部郎中兼渭州（今甘肃省平凉县一带）知州，迁右谏议大夫兼成都知府。

在担任成都知府时，田况废除严苛酷政，实行宽和政策。四川自李顺、王均再度起义之后，当官的擅自杀人严重，有的罪过不大也被驱逐出境，造成有的人流离失所，甚至死在路上。田况到任后注重安抚教育，一般不再驱逐，受到了蜀人爱戴。至和元年（1054年），田况被提拔为枢密副使，四年后转任枢密使，与中书省之同平章事等合成"宰执"，共负军国要政。后又任尚书右丞、观文殿学士兼翰林侍读学士，掌管景灵宫，后以太子少傅致仕。死后赠太子太保，谥曰"宣简"。曾著有《金岩集》二卷。可见这是个文武兼资、位极人臣的人物。

柳永词中开头就说"井络天开，剑岭云横控西夏"。田况早年曾在陕西经略使府中担任幕僚，并多次上书宋仁宗陈述抵抗西夏策略，还曾经亲临战阵指挥战斗。后面又有"仗汉节、揽辔澄清，高掩武侯勋业，文翁风化。"与田况文治武功的状况十分相符。田况在蜀期间，也曾写诗咏当地风物："浣花溪上春风后，节物正宜行乐时。十里绮罗青盖密，万家歌吹绿杨垂。画船叠鼓临芳淑，彩阁凌波汎羽卮。霞景渐曛归棹促，满城欢醉待旌旗。"诗中景象和柳永词意倒也相映成趣。

此外，还有人认为词中所写的应是曾担任益州太守的蒋堂。《宋史》卷二九八《蒋堂传》："蒋堂，字希鲁……以枢密直学士知益州。庆历初，诏天下建学。汉文翁石室在孔子庙中，堂因广其舍为学宫，选属官以教诸生，士人翕然称之。"《传》又谓："堂为人清修纯饬，遇事毅然不屈，贫而乐施。好学，工文辞，延誉晚进，至老不倦，尤嗜作诗，有《吴门集》二十卷。"可见蒋堂性情耿直，饱读诗书，工于文辞，嗜好写诗。柳永这首词中所写"文翁风化"，与蒋堂传中所言很吻合。但蒋堂偏于文治，与词中所讲的"剑岭云横控西夏"、"高掩武侯勋业"颇有距离。据《北宋经抚年表》载：蒋堂于庆历二年（1042年）……至三年（1043年）六月以枢密直学士改知益州，四年（1044年）十一月迁河中府。可见，蒋堂任职益州在庆历三年六月至庆历四年十一月间，仅一年多。

就整首词来看，词中所写的应当是能文能武、并曾参与抵抗西夏入侵的田况。

海阔山遥，未知何处是潇湘

　　望处雨收云断，凭阑悄悄，目送秋光。晚景萧疏，堪动宋玉悲凉。水风轻、蘋花渐老，月露冷、梧叶飘黄。遣情伤。故人何在，烟水茫茫。
　　难忘。文期酒会。几孤风月，屡变星霜。海阔山遥，未知何处是潇湘。念双燕、难凭远信，指暮天、空识归航，黯相望。断鸿声里，立尽斜阳。

——《玉蝴蝶》

　　柳永一路漫游，到了南方潇湘之地。
　　秋雨过后，极目远天，流云遣散。天空明净而疏朗，散发着雨后广袤的凉意。他站在洞庭湖边凭栏而立，秋风鼓荡着衣袂，思绪来回游走。目送着秋色消逝于天边。这萧瑟凄凉的晚秋景象，真让人心头生发宋玉悲秋之叹。
　　正是南方楚地的晚秋天气，白蘋花渐渐衰残，水草将枯，水风再轻柔，也挽留不住蘋花的老去。秋意渐浓，月华渐冷，夜露将梧桐叶一片一片地涂抹上萎暗的黄色，四处撒落。面对此情此景，他的心里哀愁渐重。不知当年那些故人何在，只见茫茫水天之间，一片秋光入寥廓，烟雾迷茫无际。
　　难忘呵，曾经的那些快乐日子里，定期与文友一起或填词赋诗，或饮酒放歌，文人雅集，纵情欢宴，如今仍历历在目。赏心乐事，何其快意。想如今，斗转星移，漂泊了几度春秋。海阔山遥，都只为你我相距遥远，天各一方。重逢再会不知何处何年？辜负了几度风月，怎不令人悲切神伤。

想那双双飞去的燕子，难以靠它给故友传音送信；企盼故友归来，遥指天际苍茫，辨识归来航船，谁知过尽千帆皆不是，也是枉自空等企望。只身默默伫立，黯然望远，只见斜阳已尽，孤雁哀鸣声仍在天际飘荡。

宋仁宗明道二年（1033年）秋，柳永路经湖南，并在湘江洞庭一带停留时写下了一些词作，其中就包括这一首《玉蝴蝶》。写这首词时，柳永已经快五十岁。年岁已暮，秋光已暮，天色已暮，心事已暮。柳永笔尖淌出来的也全是沧桑十足的暮气。

夕阳下，厚重的暮色像一匹老马驮着他，拖着长长的影子，径直走进宋玉那篇悲凉的《九辩》里："憭栗兮，若在远行……廓落兮，羁旅而无友生……惆怅兮，而私自怜……"冷落羁旅，孤独无伴。惆怅独行。

"念双燕"一语出自《开元天宝遗事》。说的是一个叫绍兰的女子嫁给了巨商任宗，任宗往湘中经商，多年杳无音讯。一天有双燕嬉戏于房梁，绍兰望燕倾诉叹息，想托燕带家书给丈夫。燕子落到绍兰膝上，若有所知。绍兰遂即吟诗一首，写完后系在燕足上。"我婿去重湖，临窗泣血书。殷勤凭燕翼，寄与薄情夫。"后来，双燕寻到任宗，停在任宗肩上。任宗见到书信，感而泣下。

迢迢山水，遥遥潇湘，云雾阻隔，他的故友，亦不知他如今身在何处。天上有双燕飞过，却难以让它们寄托远方的音信。暮色苍苍，江水中来往的船舸穿梭，又有哪一叶扁舟里会坐着相识之人？

"黯相望"三个字，笔锋转回，表明了他已经从幻想中回到了现实。所有的所有，一切的一切，尽数落入"黯然"之中。"断鸿声里，立尽斜阳"，是一笔很遒劲的收梢，有辛辣的骨气，苍凉蚀骨。在孤雁的哀鸣声中，他久久伫立，愁苦魂消，直到夕阳沉入湖底，夜幕降临，天光散尽。

这秋天更像是一口幽深的古井，有源源不断的惆怅，汩汩地从地底往上冒。

所以，这口井里总有舀不完的离愁别恨，来打湿多情异乡人的衣襟、眼眶，以及一个又一个落寞的黄昏。

很多时候以为自己可以转身就走得很远，可以把感情的包袱就放在怅惘过的地方，不想来程里总有一些相似的情景，昙花般地一现，却飓风般地强烈，让人百感交集，突然发现自己还站在斜阳影里，为那样的一个人，思念不是变轻，却是越来越沉……

那断鸿声里、斜阳光影中的柳永不知是为谁，在这暮秋天气，怅惘孤独，在西风残照里久久地伫立？这些开阔博大的秋晚景色，显示了一种对美好生命渐趋衰败消亡的恐惧和敏感，是对生命内部年轮洞悉后的自觉生发。它融合了时间和季节向度的复杂情感，日暮和秋晚参与建构词的本身，也返照柳永的情感、经历和沉思。一种生命的内在力量和时间意识，正在重新建构着柳永的词及其人格心理。

可以说，柳永这些词中的意象和情境，已经深深融铸进我们民族的文化记忆，渗透到民族的情感心理中。读到诸如"晚景萧疏，堪动宋玉悲凉"、"故人何在，烟水茫茫"、"断鸿声里，立尽斜阳"等等这些文字，几乎每个中国人都能引起深深的内心共鸣。所以，这些羁旅词是一个复杂的所在，柳永独特的人生体验形成其独特的季节和时令感，对生命意识本身的自觉构成这些文字深远而厚重的感染力。

  景萧索，危楼独立面晴空。动悲秋情绪，当时宋玉应同。渔市孤烟袅寒碧，水村残叶舞愁红。楚天阔，浪浸斜阳，千里溶溶。
  临风想佳丽，别后愁颜，镇敛眉峰。可惜当年，顿乖雨迹云踪。雅态妍姿正欢洽，落花流水忽西东。无聊恨，相思意，尽分付征鸿。

——《雪梅香》

柳永的一生很多时候是在羁旅中度过的。他的人生之路和他的羁旅生涯一样，走得很苦很累。在闲下来时，他难免要回忆这一路上看到过的那些风景，品味往昔那些温柔缠绵的旖旎时光。

这首《雪梅香》词就是如此。柳永客居他乡时，在深秋薄暮时分登上了江边水榭楼台，凭栏远眺，触景伤情，追忆过去的幸福时光，思念远别的"佳丽"。不过，在我们今天读来，似乎可以隐隐猜到他思念的那个女子为何人。

"景萧索，危楼独立面晴空。动悲秋情绪，当时宋玉应同。"高远的晴空映衬着萧条冷落的秋景，深深触动了词人的悲秋之情。他不禁想道：当初宋玉作《九辩》时，心绪大概也是如此吧！宋玉《九辩》首句为："悲哉，秋之为气也。"后人常将悲秋情绪与宋玉相联系。

"渔市孤烟袅寒碧，水村残叶舞愁红"，渔市的上空，一缕碧烟渐渐散尽在萧瑟秋空里；傍水的村落里，被夕阳染红的落叶随着秋风片片飞舞。"愁红"在古代诗词中多用来描写被风雨摧残的落花。但这里的"愁红"当是指落叶而不是花。

其实，细细品味这"寒碧"和"愁红"，其实还有一番新滋味。"寒碧"所形容的袅袅上升的一缕碧烟，其实与女子弯弯的双眉是很相似的。李白词有"寒山一带伤心碧"，可见碧色是令人伤心之色，也是女子画眉之色。唐人张泌《思越人》词："东风淡荡慵无力，黛眉愁聚春碧。"古人更常用"愁红"比喻女子的愁容，如顾敻《河传》词："愁红，泪痕衣上重。"显然这里的"愁红"所指的秋天红叶，其实也颇似那红颜女子啼泪的红妆。

"楚天阔，浪浸斜阳，千里溶溶。"南方楚地，江天辽阔，一抹斜阳浸入万顷波涛之中，江水缓缓地流向远方。这景象大有"秋水共长天一色"之感。在斜阳映照的江畔伫立怀思，正有那种"所谓伊人，在水一方"的风人之致。

"临风想佳丽，别后愁颜，镇敛眉峰。"词人迎着江风而立，脑海中浮现出情人的音容笑貌，雅态妍姿。同时也想象着对方对自己的思念，她应是愁容满面，眉头深锁。这样的思念写得很真切和诚挚。

"可惜当年，顿乖雨迹云踪。雅态妍姿正欢洽，落花流水忽西东。""雨迹云踪"是男女欢爱的隐语。宋玉《高唐赋》中写楚王与巫山神女欢会，神女称自己"旦为朝云，暮为行雨"。这里，柳永与那位"佳丽"或许当日正在相聚小饮，清歌婉转，妙舞翩翩；或许正在花前月下，两情缱绻，欢度春宵。她那美妙的雅态妍姿令词人痴迷欢喜，两情欢好之际却又因突然到来的别离，使热恋中两人"顿乖雨迹云踪"。现在与那位美丽情人已经久违了，那些日子就如那落花流水一样远去了。

从"雅态妍姿"这个形容，我们似乎可以猜到柳永心中思念的可能正是汴京都城里的那位虫娘。在那首《集贤宾》里，柳永曾经赞叹："小楼深巷狂游遍，罗绮成丛。就中堪人属意，最是虫虫。有画难描雅态，无花可比芳容。"这首《雪梅香》中写到的"顿乖雨迹云踪"、"落花流水忽西东"等与当年柳永与虫娘的种种情路波折相仿。而"雅态"是虫娘给柳永留下的最为独特而深刻的印象。在柳词中，"雅态"这个形容词似乎专属于虫娘的，写出一种不同俗流的高雅气质。

"无聊恨，相思意，尽分付征鸿。"过去的幸福已成为美好的回忆，在这肃杀的秋天里，暮色苍茫，客居他乡的词人只能独倚危楼，悲思绵绵，怅憾难言，相思难遣。这种复杂深沉的情感在胸中汹涌，犹如面前奔腾的大江。无可奈何的词人只能托付远飞的大雁把这相思之情、悲秋之感、游子之心带过江去，传达给自己的心上人。"分付征鸿"是寄书信远致问候之意。结语中包容了词人的欢乐、忧伤、回忆、希望、幻想，韵味深长。

这首词一开篇就写萧瑟的秋景引发了自己的悲秋情绪，而这种情绪和当时的宋玉应是相同的。以开创悲秋情结的鼻祖宋玉来写这种悲，更体现出才华杰出之士走向衰老时壮志未酬的悲凉和悲痛。柳永科举屡次失败，到头来虽做了一个小官，并没有开拓出能够实现自己梦想的舞台，加上改官曲折，升迁无望，柳永内心充满了对人生和生命的感叹。

塞缪尔·柯尔律治说得好："自然只存活于我们的生命里。"人与大自然的关系，总是以每个人自身的主观情绪来打造秋的形象，以自己的情感来决定秋的色彩和意境。"危楼"、"孤烟"、"残叶"、"楚天"和"斜阳"等景物深刻展现出当时景色的萧索凄冷。而这种情感彩正是和作者内心的感情相吻合的，甚至是由词人当时的情感决定的。

正如叶嘉莹先生在《唐宋词十七讲》中所说，柳永的这类词成功地将词境"从春女善怀过渡到秋士易感"，真正写出了一个读书人的悲哀。尽管柳永也为市井歌女写了不少淫靡浅俗的词，但是把词从"庭院深深"中的"春女善怀"引向广阔天地之中，写出了"秋士易感"的悲慨，这是柳永了不起的地方。他以男子口吻写出有才华、有志意的人生命的落空。柳永写登山临水的词多是在秋天——"景萧索，危楼独立面晴空。动悲秋情绪，当时宋玉应同。"多么开阔，多么高远，真是"摇落深知宋玉悲"。

由于性格原因，他屡遭排贬，因此进入四处漂泊的"浮生"，养成了一种对萧索景物，秋伤风景的特殊敏感。柳永常以宋玉自比，他自身禀赋一种浪漫天性与音乐才能，所以迷恋情场之欢，却又念念不忘仕途。一部《乐章集》就是他周旋于二者间的不懈追求、失志之悲与儿女柔情的结合。他想做一个文人雅士，却永远摆脱不掉对俗世生活、对情爱的眷恋和依赖；而醉里眠花柳的时候，他却又在时时挂念自己的功名。柳永是纠结的矛盾体，他是人生、仕途的失意者和落魄者，他无暇去关注人的永恒普遍的生命忧患，而是侧重于对自我命运、生存苦闷的深思、体验和对真正爱情的向往与追求，执着于对功名利禄、官能享受的渴望与追求，抒发自己怀才不遇，命运艰舛的痛苦。

在科举才是人间正道的时代，柳永作为一介浪子文人功名无成，成为知识分子群体中的边缘人。甚至因为言行放浪有违道统，让柳永不时陷入人格分裂的尖锐痛楚中。毕竟，读书做官才是知识分子的正途，柳永自然不能免俗。事实上，柳永后来还写过一首《长相思》，从中我们可以发现他内心的这种矛盾与纠结。因此他只能做着拖着一条世俗尾巴的"白衣卿相"。

楚客登临,正是暮秋天气,引疏砧,断续残阳里

江枫渐老、汀蕙半凋,满目败红衰翠。楚客登临,正是暮秋天气,引疏砧,断续残阳里。对晚景,伤怀念远,新愁旧恨相继。

脉脉人千里。念两处风情,万重烟水。雨歇天高,望断翠峰十二。尽无言,谁会凭高意?纵写得,离肠万种,奈归云谁寄?

——《卜算子慢》

看词中景象,已然是湘鄂、四川等地三峡地区一带的风物。

江枫,江边枫树。汀蕙,沙汀上的蕙草。楚客,是指客居楚地的旅人。温庭筠《雨》诗:"楚客秋江上,萧萧故国情。"柳永曾宦游于荆襄一带古代楚地,故这里自称为"楚客"。

疏砧:稀疏继续的捣衣声。砧,捣衣石。古代妇女,每逢秋季,就用石杵捣练,制寒衣以寄在外的征夫。所以他乡作客的人,每闻石砧声,就生旅愁。这里也是暗喻长期漂泊,"伤怀念远"之意。

翠峰十二,即巫山十二峰。《天中记》:"巫山十二峰,曰:望霞、翠屏、朝云、松峦、集仙、聚鹤、净坛、上升、起云、飞凤、登龙、圣泉。""归云"比喻归思。唐代薛能《麟中寓居寄蒲中友人》诗:"边心生落日,乡思羡归云。更在相思处,

子规灯下闻。"

　　江岸的枫叶渐渐衰老，水洲的蕙草半已枯凋，满眼衰败的红花绿叶。楚乡作客，登高望远，正逢这样的暮秋天气。传来了稀疏的捣衣声，断断续续回响在残阳里。面对这傍晚景象，怎不让人悲伤怀抱，思念远人，新愁和旧恨接连涌起。

　　身处两地的人远隔万重云水关山，仍是遥相思念。雨收云散，天高气朗，极目所见，惟有楚地巫峡的翠绿山岭层层叠叠，连绵不断。秋雨初停，天高山青，此时无言地沉默，有谁能知道我此时登高望远的心思呢？

　　哪怕是能写下心头的离情别绪，又有谁来寄给远方的人呢？

　　　木落霜洲，雁横烟渚，分明画出秋色。暮雨乍歇。小楫夜泊，宿苇村山驿。何人月下临风处，起一声羌笛。离愁万绪，闻岸草、切切蛩吟如织。
　　　为忆。芳容别后，水遥山远，何计凭鳞翼。想绣阁深枕，争知憔悴损、天涯行客。楚峡云归，高阳人散，寂寞狂踪迹。望京国。空自断、远峰凝碧。
　　　　　　　　　　　　——《倾杯乐》

　　这一首也写的是长江三峡地区的秋日景象，极富画面感。

　　秋叶飞落在霜露覆盖的小洲，大雁横越于雾霭笼罩的小渚。清清楚楚地勾画出一幅秋色图。傍晚的暮雨刚刚停歇下来。天黑了，一叶小舟靠岸停泊，寄宿在荒村驿店。何人迎风吹起羌笛来？一声凄清幽旷的羌笛声，与河岸草丛里切切的蟋蟀声交织一起，顿时引起心头离愁万绪！

　　只为思念。与佳人别后，山水相隔，相距遥远，靠什么来传递书信呢？想来那绣阁深枕中的佳人，怎会知道浪迹天涯的游子如今已是身心俱损、憔悴不堪！巫峡的云雾已经消散，高阳幽会的人也已分离，只留下寂寞孤独和放荡不羁的行迹。眺望京都，徒然望断远方碧绿山峰。

这凄凉的秋色，引起词人对别后佳人的无限思恋，又因"水遥山远"既不能通信更不能相见，于是离愁万绪，无限悲伤，以致身心俱损、憔悴不堪！

伫倚危楼风细细，望极春愁，黯黯生天际。
草色烟光残照里，无言谁会凭阑意。

拟把疏狂图一醉，对酒当歌，强乐还无味。
衣带渐宽终不悔，为伊消得人憔悴。
——《凤栖梧》

这首词将那种刻骨的思念写到了极致。

一首词读罢，仿佛见那位衣带渐宽、默然凝眸的书生正独自伫立在高楼之上，清瘦的面容，修长的身影如一尊雕像、一幅剪影。春天的轻风细细柔柔，拂动着这位多情书生的额发和衣襟。他凝眸极目一望，只见天高地远，空旷无极，顿时触动了某种平日里沉睡已久的心绪。一种莫名的春愁渐渐充溢他的内心。残阳里，春草萋萋，一望无际。那碧绿草色、迷离寒烟尽在夕光里变幻着光影，斑驳着某种明朗与灰暗交织的色调。春愁如烟如雾，一如那年轻公子心头的迷惘与思念。

然而谁又知道这书生心底在思念什么呢？谁又知道他危楼凭栏的一番心意呢。危楼栏杆前，草色烟光里，落落寡欢的柳三变感到了深深的孤独，感到了无人理解无人相知的寂寞。

此时此际，他内心忽然升起了一种强烈的冲动：拟把疏狂图一醉！真想凭栏把酒，不管不顾地率性而为，痛快淋漓地来他个酣然一醉！对酒当歌，人生几何？此时哪里又有听歌观舞，慨然高歌的心绪和兴致。如果勉强作乐最后倒是借酒消愁愁更愁，全无意趣。唉，如今他已是衣带渐宽、身形消瘦却始终不悔，只是为了心中的那位伊人而变得如此憔悴。

这首词里，"草色烟光残照里，无言谁会凭阑意"一句令人玄想，绘景颇有色泽鲜丽、迷离变幻的美感，抒情则有四顾茫然、无人相知的寂寞。这种寂寞春光里的相思，大有"春光莫共花争发，一寸相思一寸灰"之感。

而结句"衣带渐宽终不悔，为伊消得人憔悴"，更提高了这首词的品质和深度。

有道是："日日花前常病酒，不辞镜里朱颜瘦。"

词末二句"衣带渐宽终不悔，为伊消得人憔悴"，以深隽之笔写缠绵柔情，誓愿为思念伊人而寝食难安，日渐消瘦与憔悴。深切表现了词人内心深处挥之不去、难以自拔的缠绵情思。"终不悔"三字更是折射出柳永对爱情的忠贞与专注，感情真挚而强烈。

"衣带"二字，这是词人将一己之愁绪影射于客观物象中，使外物皆着我之主观色彩，此"衣带"作为烘托感情的借代物，早在敦煌写本的唐诗《奉答》"红妆夜夜不曾干，衣带朝朝渐觉宽。形容只今消瘦尽，君来笑作去时看。"已经出现，后化用于《古诗十九首·行行重行行》中"相去日已远，衣带日已缓"，南朝乐府《读曲歌》中亦有："欲知相忆时，但看裙带缓几许"。

灯火黄昏，柳永在汴京城里的烟花深处，邂逅了美丽的她。在这个书生眼里，她盈盈浅笑，宛若仙人。多年后，同样是一个黄昏，草色山光，危楼凭栏，那远方的暮色如墨浸染，愁意氤氲。于是，那些年少轻狂、夜夜笙歌的京师往事都融在了月色里，又变成一滴清泪滴落在酒杯。这些年的流离漂泊里，寂寞如影随形。只有那远方深闺的温暖小窗，是他一生的牵挂与宿命。为了思念那小窗里的佳人，他的衣带都渐渐宽缓起来，而面容却一天天消瘦憔悴下去。

男人细腻而深刻的悲伤就像是海边礁石上一道道被风浪咬伤的痕迹。岁月的波涛流走了，不经意间一触摸才惊觉遍体鳞伤。那伤口冰凉得令指尖疼痛。

宋人蒋津在《苇航纪谈》中这样论述："作者名流多用冤家为事，初未知何等语，亦不知所云。后阅《烟花记》有云：冤家之说有六。情深意浓，彼此牵系，宁有死耳，不怀异心，所谓冤家者一。两情相系，阻隔万端，心想魂飞，寝食俱废，所谓冤家者二。长亭短亭，临歧分袂，黯然销魂，悲泣良苦，所谓冤家者三。山遥水远，鱼雁无凭，梦寐相思，柔肠寸断，所谓冤家者四。怜新弃旧，孤思负义，恨切惆怅，怨深刻骨，所谓冤家者五。一生一死，角易悲伤，抱恨成疾，迨与俱逝，所谓冤家者六。此语虽鄙俚，亦余之乐闻耳。"

"冤家"这个称呼中的六重含义，包容着男女之间那种又爱又恨、又疼又怨、缠绵悱恻的复杂情感，那种生死相许、灵肉交融，纠缠如毒蛇、执着如怨鬼的深刻情愫。

这就是："衣带渐宽终不悔，为伊消得人憔悴。"

仕途的坎坷，令柳永"沉溺"于红粉朱楼、青蛾画船之中，他却从中找到了自我价值和生命的真谛，获取了某种人生的自由，并坚持不懈地固守自己的情感世界，发出了"衣带渐宽终不悔，为伊消得人憔悴"的感叹。

生命取决于自己的理念与节操，柳永是如此。而他创作这两句词的初衷，即表达对女子的无怨深情，对爱情的执着无悔亦是如此。同时，这两句词决绝而情深，与屈原"虽九死其犹无悔"，冯延巳的"不辞镜里朱颜瘦"之语相类，写出人类执着追求的精神。

从表层看，这首词中的"春愁"即是"相思"，却又迟迟不肯说破，只是从字里行间、从那些草色烟光的朦胧意象间透露出一些消息，"无言谁会凭阑意"一句，眼看快要碰触到主题了，词人却又悄然刹住，掉转笔墨另起："拟把疏狂图一醉"。如此影影绰绰，兜兜转转，扑朔迷离，千回百折，直到最后一句"为伊消得人憔悴"，才使久久蕴藏胸间的缠绵心事昭然大白，却又戛然而止。词中的意味、激情与思绪在人们的心头盘旋回荡，始于情爱却又不止于情爱。

王国维在《人间词话》中说：古今之成大事业、大学问者，必经过三种之境界："昨夜西风凋碧树。独上高楼，望尽天涯路。"此第一境也。"衣带渐宽终不悔，为伊消得人憔悴。"此第二境也。"众里寻他千百度，蓦然回首，那人却在，灯火阑珊处。"此第三境也。此等语皆非大词人不能道。王国维归纳的三境界，第一境界为求学与立志之境界，此为"知"之大境界；第二境界为"行"之境界，为实现远大理想而坚韧不拔；第三境界为"得"之境界，只要为之不懈努力，功到自然成。王国维推崇柳永词中"衣带渐宽终不悔，为伊消得人憔悴"两句，并将之作为做学问的第二种境界。

可见，柳永的词笔能作温存销魂的婉约文字，也能作渊深海阔的豪纵笔墨，也有发人深省的隽永之思。爱情与事业一样，路漫漫而修远兮，相遇、求索、领悟，都需要一个坚贞的信仰。像执拗高傲的非梧桐不栖的凤，像恋在花上寻找自己前生精魂的蝶。信仰是路程中次第开放的光，是不可磨灭的执着，是生生不息的能量。

第五章

宦游羁旅：踏尽苍茫天涯路

杏园风细，桃花浪暖，竞喜羽迁鳞化

　　一枕清宵好梦，可惜被、邻鸡唤觉。匆匆策马登途，满目淡烟衰草。前驱风触鸣珂，过霜林、渐觉惊栖鸟。冒征尘远况，自古凄凉长安道。行行又历孤村，楚天阔、望中未晓。

　　念劳生，惜芳年壮岁，离多欢少。叹断梗难停，暮云渐杳。但黯黯魂消，寸肠凭谁表。恁驱驱、何时是了。又争似、却返瑶京，重买千金笑。

——《轮台子》

　　1034年，宋仁宗景祐元年，刘太后去世，仁宗皇帝赵祯亲政。起用曾奏请太后还政遭贬的名臣范仲淹、宋绶等人，于时"中外大悦"，颇有改弦更张、刷新政局的气象。

　　宋仁宗要做的第一件事就是开恩科，并且颁诏晓谕天下，放宽对往届落榜考生要求。

　　景祐元年开科举取士，不但扩大了进士及诸科的名额，而且特开"恩科"，就是对历年来于举场沉沦失意的士人，对他们格外放宽尺度。为新政进一步延揽人才，收取人心。

　　《资治通鉴长编》记载景祐元年正月癸未的仁宗诏书说："朕念士向学益蓄，

而取人之路尚狭，或栖迟田里，白首而不得进。其令南省就试进士、诸科，十取其二。进士五举年五十，诸科六举年六十；尝经殿试，进士三举，诸科五举；及尝预先朝御试，虽试文不合格，毋辄黜，皆以名闻。"

这样宽大的"恩科"，在宋代也是破例的，可以说是宋仁宗赵祯亲政后的一个怀柔推恩之举。

在外漂泊了十年的柳永正在楚地鄂州漫游，得知朝廷新政后大喜。当晚睡觉时，他就做了一个金榜题名、高中进士的好梦。可惜却被邻家的报晓晨鸡给扰搅了。不过，他倒没再耽搁时间，起床后匆匆用过早饭就策马踏上归程。

一路上满眼淡烟蓑草，林间霜迹犹在，马蹄声惊醒了林中的栖鸟。过了一村又一村，眼前一片辽阔楚天，天还没有大亮。

他一边赶路，一边内心感叹：可惜他年轻时一直到处奔波，离多欢少，如断梗碎萍，漂泊无依。心中愁绪无人可表。只恨这漫漫长途何时是尽头。如今倒是有机会重返繁华京城，再过那千金买笑、弦歌不绝的快乐日子了。也许柳永隐隐地觉得，这一次重返京城赶考应该是自己这一生中最后的、也是最好的机会，他决定再作最后一搏。

为了保险起见，他将自己的本名"柳三变"改名为"柳永"，字也由"景庄"改成了"耆卿"。这一次，老天终于开眼了。他果然高中进士。次兄柳三接也在当年登第，兄弟同榜。柳永为张唐卿榜三甲进士，赐同进士出身。按宋制第三甲为初等幕职官，柳永为三甲，授睦州（今浙江淳安、建德一带）团练推官，从八品。

柳氏一门三兄弟都进士及第了。据宋翔凤《乐府余论》记载："耆卿蹉跎于仁宗朝，及第已老。"

柳永中进士后赴琼林宴，陶醉在喜悦之中，一首《柳初新》脱口而出：

东郊向晓星杓亚。报帝里、春来也。柳抬烟眼，花匀露脸，渐觉绿娇红蛇。妆点层台芳榭。运神功、丹青无价。

别有尧阶试罢。新郎君、成行如画。杏园风细，桃花浪暖，竞喜羽迁鳞化。遍九陌、相将游冶。骤香尘、宝鞍骄马。

——《柳初新》

拂晓时分，京城东郊出现了醒目的北斗七星，它仿佛在告诉京城里的人们春天来了。

柳树已经吐出了新绿，花朵噙着清晨的露珠迎风绽放，整个大地因春天的到来而姹紫嫣红，到处生机勃勃。春天里花草树木郁郁葱葱，把层楼台榭装点得分外美丽迷人。大自然的鬼斧神功，创造了如绚烂多彩，充满生机的美好画卷。

"东郊向晓星杓亚"，北斗星星柄低垂，是初春时的星象，但一句"报帝里、春来也"，却使得这一自然现象仿佛有了生命，告诉京城中的人们：春天来了。洋溢着掩饰不住的喜气。清晨，柳树在蒙蒙的雾气中张开芽眼，美丽的花朵以露水匀脸。随着时间推移，太阳升起了，雾气散去了，这时候再看一看春柳、春花，更觉绿得娇媚，红得艳丽。绿柳红花将层层台榭装点得更加美丽。让人不由得发出了"运神功、丹青无价"的感叹。

王国维说："一切景语皆情语也。"描写春景是为传达内心的喜悦之情。新科进士们游览京郊御花园，鱼贯成行俊美如画。杏花园里微风习习，桃花浪暖，这些举子们如鲤鱼跃入龙门一步登天。他们游完了杏园又结伴游览京城。骑着雕鞍骏马在京城飞驰，身后尘土飞扬。

宋代进士地位甚高，获高第者往往外迁迅速，仕途无量，故云"竞喜羽迁鳞化。""羽迁鳞化"是一句道家用语，指修炼到一定程度后人的肉体能够发生变化，跳出生死轮回，是谓羽化登仙，"飘飘乎如遗世独立，羽化而登仙"。这里指白衣士子中榜题名后，就晋身朝廷官员行列，如同羽化成仙一般。

景祐元年春登第后，柳永被朝廷委任到睦州推官。这一年，柳永整整五十岁了；这一年，比他小七岁的晏殊都已经干过一任副宰相了；这一年，比他小十四岁的宋祁也已是工部员外郎了；甚至就连比他小着二十多岁的欧阳修，这一年也当上了馆阁校勘的京官（北宋的京官和地方官的待遇差别巨大）。

尽管这幸福来得有点儿迟，但毕竟也算达成了一个读书人毕生最大的愿望。在柳永的内心深处，功名情结其实一直挥之不去。从二十岁应考到五十岁考中进士，这三十多年中，他从未放弃过对功名的追求，没有放过任何一次可能出仕的机会，可见其用世之心。

> 画鼓喧街，兰灯满市，皓月初照严城。清都绛阙夜景，风传银箭，露瀼金茎，巷陌纵横。过平康款辔，缓听歌声。凤烛荧荧。那人家、未掩香屏。
>
> 向罗绮丛中，认得依稀旧日，雅态轻盈。娇波艳冶，巧笑依然，有意相迎。墙头马上，漫迟留、难写深诚。又岂知、名宦拘检，年来减尽风情。
>
> ——《长相思》

画鼓声响彻京城中的街道，华贵的兰灯挂满了里市。明月刚刚升起来，映照着守备森严的城池。在这如同天都宫阙的夜景里，风中传来了银漏滴落声，露盘盛满了露水，街道纵横交错。路过风流薮泽的平康，放松缰绳，轻松听着不时传来的歌声。彩凤形的烛灯光芒闪烁，那户人家没有关上华美屏风。

面对众多佳丽，记得其中一位仿佛是往日的旧欢，她的体态优美纤柔，目光妩媚可爱，容貌艳丽妖冶，带着依然如当年的美好微笑和爱慕的情谊前来相迎。墙头马上遥遥倾诉爱慕之情，久久停留难以倾吐真情厚意。又哪里知道，居官而名声显赫的人行为检束，近年以来内心的情爱渐已衰竭。

这是柳永已有功名在身时的情形。这个时候，当他骑着马路过年轻时曾经深深流连的巷陌时，见到了旧时相识的歌女："那人家、未掩香屏。"面对带着前来相迎的旧欢，柳永心里却暗暗叹息："墙头马上，漫迟留、难写深诚。"意思是：我只能和你在墙头马上略作停留，难以多表心中的爱意。词人还感叹道："又岂知、名宦拘检，年来减尽风情。"你又哪里知道，居官而名声显赫的人行为颇受拘检，很久以来我已经没那么浪漫多情了。

这首词里，这位京城歌女也令人似曾相识："向罗绮丛中，认得依稀旧日，雅态轻盈。娇波艳冶，巧笑依然，有意相迎。""雅态轻盈"四字又暗示是那位"雅态妍姿"、"有画难描雅态，无花可比芳容"的虫娘。词意之中似已不复当年的亲密和缠绵，透出了已成名宦的词人一丝疏远和某些难言之隐。

人情冷暖在词中也隐隐透了出来。当柳永回到士人名宦的身份中时，脱不尽风尘阴影的虫娘便与他渐行渐远了。当年那个温柔多情的浪子已经不复存在了。也许这位才子词人内心深处，大概始终对她存有一份无言的眷恋，总有一处柔软的角落为她留着。

游宦区区成底事，平生况有云泉约

  吴会风流。人烟好，高下水际山头。瑶台绛阙，依约蓬丘。万井千闾富庶，雄压十三州。触处青蛾画舸，红粉朱楼。

  方面委元侯。致讼简时丰，继日欢游。襦温袴暖，已扇民讴。旦暮锋车命驾，重整济川舟。当恁时，沙堤路稳，归去难留。

——《瑞鹧鸪》

  范仲淹于景祐元年（1034年）四月，因谏废郭皇后一事遭贬谪睦州（州治今建德梅城），六月移知苏州。而柳永此时正好前往睦州担任推官。也许是这期间，两人发生了交集。

  当时苏州久雨成灾，江湖漫溢，淹没诸邑，灾民逾10万户。范仲淹到任后，亲自去察访水道，吸收前人治水经验，提出修围、浚河、置闸的治水方针，亲临工程第一线，首先疏导吴淞江，再疏常熟、昆山入江通海的支流。每年春天理其闸外，清除淤沙。他还将治水与治田相结合，妥善地解决了蓄水与泄水、挡潮与排涝的关系，保障了苏、常、湖、秀四州的农业生产，使人民安居乐业。常熟福山等地的人们将浦闸称为"范公闸"，修筑的圩堤叫作"范公圩"。此外，在任苏州知府期间，范仲淹曾在南园买了一块地，建起了一座规模宏大的府学。

请当时著名学者胡瑗首当师席，一时学者纷纷来苏讲学，盛况空前，影响遍及全国。庆历四年（1044年）仁宗下诏全国各州郡都要建立学宫，于是，府有府学、州有州学、县有县学。郑元佑在《学门铭》中说：天下郡县学莫盛于宋，然其始亦由于吴中，盖范文正以宅建学，延胡安定为师，文教自此兴焉。

可见，范仲淹在苏州时治水兴利和教育方面政绩显著。这年柳永进士及第，三月往睦州任团练使推官，不久又调任余杭、又赴定海。在这期间，柳永游历苏州时，写成这首《瑞鹧鸪》进呈时为苏州太守的范仲淹。

古城苏州，自古人杰地灵，昔日的流风余韵犹在，今日的城市风貌更美。城里城外的房屋高低错落有致地建在水边、山坡或山头上，人烟稠密，生活升腾，风貌美好。高处如玉的楼台、朱红色的殿阁，高丛华丽，隐隐约约云雾中，犹如蓬莱仙山上的瑶台绛阙，似天上宫阙。市区民宅密集，人口众多，整饬有序，千家万户财富物庶，称雄超越于两浙路的其他十三州。水上彩船只只，陆上朱楼座座，画舸青娥讨巧，朱楼上佳丽献媚，到处呈现着一片欢乐冶游的太平气氛。

朝廷很重视地方的治理，把苏州的军政事物委托给贤能的官员来管理。在你的治理下，诉讼案件减少、年岁丰登，百姓无不天天浸处于欢游之中。百姓丰衣足食，传唱《襦袴歌》，讴歌甘雨随车、仁风扇动的惠政仁德。早晚有一天，你会重新得到重用，即将命前锋之车开路，重整舟楫渡过巨川大河，去施展自己的匡世济时的大志。总有一天，你会（重新）升任宰辅，回到京师。到那时，百姓也难挽留。

其中襦温袴暖、已扇民讴、锋车、济川舟、沙堤等均为典实掌故。"襦温袴暖"，后汉时廉范做蜀郡太守，成都物产丰盛，房屋之间很窄，从前的条令禁止百姓晚上点灯做事，以防止火灾。但是百姓偷偷晚上用火，火灾每天都会发生。廉范于是废除原来的法令，只是严格要求百姓储存水而已。百姓感到很方便，于是编成歌说："廉叔度，来何暮？不禁火，民安作。平生无襦今五袴。"后世遂用《襦袴歌》作为称颂地方官吏施行善政之词。

"锋车",又名"追锋车",是古代一种轻便的驿车,因车行疾速,故名。后常指朝廷用以征召的疾驰之车。

"济川舟",出自《尚书·说命上》:高宗以傅说为相,"命之曰:'朝夕纳诲,以辅台德。若金,用汝作砺;若济巨川,用汝作舟楫;若岁大旱,用汝作霖雨。'"可见,"济川舟"是一种济世救民之才的形象比喻。

而"沙堤路稳"显然就提到了范仲淹在当时治水所修的"范公堤"。这当然又是一项德政。

这首词中多用典故,显得既渊雅高致,又有历史厚重感。虽是投献词,但笔力不俗。

睦州在浙西,知府建在建德,下辖建德、桐庐、淳安三县。

柳永刚刚脱褐登第、入仕为官,很想做出一番成绩。哪怕他现在只是从八品的一名推官,相当于幕僚。他却做事十分认真,特别卖力,很快就得到上司吕蔚的赏识。

这个吕蔚就是那位"吕端大事不糊涂"的名相吕端之子,时任睦州知州。他很欣赏柳永的才华。认为柳永不仅有文才,而且做事认真负责。又知他应试科举屡屡不顺,年过半百方才入仕,一时爱才心切便向朝廷举荐,好让他早日升迁。景祐二年(1035年),柳永任睦州团练推官才刚满一个月,吕蔚便向朝廷破格举荐。然而侍御史郭劝认为:"(柳永)释褐到官才逾月,善状安在,而遽荐论?"(《石林燕语》卷六)他认为新官上任刚一个月就举荐,不符合朝廷官制。为了此事,他特别请皇帝下诏规定:"州县官,初任未成考不得举。"从此,这就成为朝廷的定制。

事实上,柳永作为一名幕府官职的推官,其升迁原本并不受当时朝廷荐官时限和资格的限制。这次被推荐改官受到阻止后,柳永就开始长期沉沦下僚的官宦生涯。而朝廷竟因为吕蔚破格举荐他一事专门下诏改变成制,制定新规。

只能说柳永本人因词名太盛所累。

> 暮雨初收,长川静、征帆夜落。临岛屿、蓼烟疏淡,苇风萧索。几许渔人飞短艇,尽载灯火归村落。遣行客、当此念回程,伤漂泊。
> 桐江好,烟漠漠。波似染,山如削。绕严陵滩畔,鹭飞鱼跃。游宦区区成底事,平生况有云泉约。归去来、一曲仲宣吟,从军乐。
>
> ——《满江红》

初入仕途,柳永已经开始感受到宦海的艰辛,再加上幕职官风尘作吏,使他的人生又多了几分感慨。公事之余,柳三变来到富春江(即桐江)游览,作《满江红》一词。

傍晚的落雨刚刚停止,桐江一片寂静,远征的航船在夜幕中靠岸停泊。对面的岛屿上,水蓼稀疏雾霭寒凉,秋风吹拂芦苇萧索作响。多少渔人行驶着小船,却只见船上的灯火飞快地回归村落。对此令我思念起回归的路程,对漂泊生活产生了厌倦而忧伤的情绪。

桐江景色美丽,雾霭漠漠密布,水波如染碧,山峰如刀削,白鹭和鱼儿围绕严陵滩飞翔和跳跃。游宦生涯跋涉辛苦一事无成,何况早就有归隐云山泉石的心愿。回归吧,羡慕渊明的躬耕田园,厌倦仲宣的从军苦。

这首词描绘了桐江附近的清秋美景,也抒写了自己仕途萧索、厌倦漂泊之感。

"绕严陵滩畔,鹭飞鱼跃",严陵即严光,字子陵,省称严陵。东汉会稽余姚人。少曾与汉光武帝刘秀同游学。刘秀后来起兵推翻王莽政权,成为东汉皇帝。严光却改变姓名隐遁。刘秀便遣人觅访,征召到京,授谏议大夫,不受,退隐于富春山。后人称他所居游之地为严陵山、严陵濑、严陵钓台等。富春山严陵祠由于年久失修,有倒塌的危险。当时被贬到睦州的范仲淹非常敬佩严光的高风亮节，决定拨款重修。严光祠堂落成后，范仲淹亲自写下《严先生祠堂记》。他在文章里高度赞美严光的为人：云山苍苍，江水泱泱。先生之风，山高水长……

"游宦区区成底事，平生况有云泉约。"心有归隐于云山泉石之间的愿望，而游宦之苦更加使这种渴望变得无比强烈。

"归去来"，语出陶渊明《归去来兮辞》，"从军乐"用王粲《从军行》典故。王粲有《从军行》五首，多述军旅苦辛和征人对故乡的怀念。王诗首句有"从军有苦乐"，词的"从军乐"，实指"从军苦"。此词最后以隐居之志作结，看似潇洒飘逸，实则言外有无限感慨，表达了漂泊生活带来的怅惘愁怨和怀乡思乡之情。

这首词当时在睦州民间广为流传，深受百姓喜爱。据北宋僧人文莹的《湘山野录》记载："范文正公谪睦州，过严陵祠下。会吴俗岁祀，里巫迎神，但歌《满江红》，有'桐江好，烟漠漠，波似染，山如削，绕严陵滩畔，鹭飞鱼跃'之句。公曰：'吾不善音律，撰一绝送神。'曰：'汉包六合网英豪，一个冥鸿惜羽毛。世祖功臣三十六，云台争似钓台高？'吴俗至今歌之。"可见柳永的这首词当时在睦州民间广为流传，深受百姓喜爱。

其实，"归隐"只是心中的一种想法，或者只是一种文人习气。好不容易才中进士的柳永岂会轻易退隐？他只能继续走自己的仕途之路。这不过是他人生中一段羁旅漂泊的开始。

柳永辗转宦游到过很多地方，从汴京出发到江淮一带。足迹所至，便有些落寞伤怀。有一首《安公子》如是道来：

长川波潋滟。楚乡淮岸迢递，一霎烟汀雨过，芳草青如染。
驱驱携书剑。当此好天好景，自觉多愁多病，行役心情厌。

> 望处旷野沈沈，暮云黯黯。行侵夜色，又是急桨投村店。
> 认去程将近，舟子相呼，遥指渔灯一点。

长江波涛弥漫相连、无边无际。楚乡淮岸的江南水乡迢递遥远，一阵雨后，水边平地烟雾笼罩，芳草青青犹如染过一般。柳永这一路携带书和剑奔走辛劳。面对这好天气好景色，自己却感觉非常忧愁和疲惫，顿生厌恶行旅情绪。

遥望远处，空旷的原野寂静无声，暮云黯淡。行路上渐渐夜色降临，又是要快速行舟投宿村店时分。要去的地方快到了，于是船夫大声呼唤我，向远处渔船上的一点灯火指去。

正当"自觉多愁多病，行役心情厌"，船夫突然相呼，遥指可供暂停夜宿渔船的灯火时，"驱驱携书剑"的词人此时的心情是兴奋还是失落？是慰藉还是伤悲？兴奋、慰藉的是终于可暂停夜宿消除疲劳了，失落、悲伤的是这"旷野沉沉"毕竟不如京城的"绮陌红楼"啊！这些心情也许都有，营造出一种空灵氛围，耐人寻味。

不过，只有经历了舟船劳顿，怀念京城"暮宴朝欢"的生活，厌恶驱驱行役的柳永这样的人，才有这样的感觉，才能写出这样的词句。

长安古道马迟迟，高柳乱蝉栖

柳永在中年以后，几度游历，到处干谒各地官员，以期能取得一官半职；入仕之后，又飘泊各地做官，对浪迹江湖、宦游沉浮的生活有切身的感受，并且他的这种感受又常常与以往他在市井勾栏"深情蜜爱"的浪子生活相联系，所以他的这类词比较全面地展示了他一生中的追求、挫折、矛盾、苦闷、失意、辛酸等复杂心态。他自己也称"谙尽宦游滋味"，后人更是称赞他"尤工于羁旅行役"。

不久，柳永又被调往华阴县（陕西渭南，今陕西华阴）当县令。

参差烟树灞陵桥，风物尽前朝。衰杨古柳，几经攀折，憔悴楚宫腰。
夕阳闲淡秋光老，离思满蘅皋。一曲阳关，断肠声尽，独自凭兰桡。

——《少年游》

高低不一、参差披拂的烟柳掩映着灞陵桥。此处风物依旧和前朝一样，送别的人们折柳送别亲友。那些楚宫细腰的杨柳经过人们的多次攀折，已经憔悴衰败，夕阳悠闲照大地，秋光渐消去，离别的忧思如蘅草铺满江岸望不尽。一首送别《阳关》曲，曲尽人肠断，独自倚靠着船栏杆久久行。

柳永作为"西征客"来到汉唐旧都长安，又在灞桥这一个传统的离别之地与友人分袂，他徘徊在桥上，自然神思徜徉，离忧顿生，有感而发写下此词。

暮色苍茫中，杨柳如烟；柳色明暗处，灞桥横卧。灞桥是别离的象征，眼前凄迷的灞桥暮景，更易牵动羁泊异乡的情怀。灞桥不仅目睹人世间的离鸾别鹤之苦，而且也是人世沧桑、升沉变替的见证。

"风物尽前朝"一句，把空间的迷茫感与时间的悠远感融为一体，透出一种沉郁的怀古情怀。想象年去岁来，多少离人此折柳赠别，杨柳屡经攀折，纤细轻柔的柳条竟至"憔悴"。更显离别情怀之深浓。

面对灞桥，已令人顿生离思，偏又时当秋日黄昏，日色晚，秋光老，夕阳残照，给本已萧瑟的秋色又抹上一层惨淡的色彩，也给作者本已凄楚的心灵再笼罩一层黯淡的阴影。想到光阴易逝，游子飘零，离思愁绪绵延不尽，终于溢满襟皋了。离思索怀时，耳边忽又响起《阳关》曲，眼前又进行一场深情的饯别，而行者正是自己。

客中再尝别离之苦，旧恨加上新愁，已极可悲，而此次分袂，偏偏又是传统的离别之地，情形加倍难堪，耳闻《阳关》促别，自然使人肝肠寸断了。至此，目之所遇，耳之所闻，无不关合离情纷至沓来。词末以"独自凭兰桡"陡然收煞。"独自"二字，下得沉重，依依难舍的别衷、孤身飘零的苦况，尽含其中。

灞桥、古柳、夕阳、阳关等寓意深远的意象，回环断续间抒发无限感慨。

长安古道马迟迟，高柳乱蝉栖。夕阳鸟外，秋风原上，目断四天垂。
归云一去无踪迹，何处是前期。狎兴生疏，酒徒萧索，不似去年时。

——《少年游》

一个人、一匹马，在长安古道上缓缓行走。高高的柳树间，秋蝉长一声短一声地嘶鸣。

远方的夕阳正遥遥地在西边沉落，秋风带着悲怆的呼啸声在旷阔原野上劲吹。词人举目远望，只见高高天幕从大地的四方垂下，益发显得苍茫无际。一只孤鸟影子在铅灰色的天幕间隐没，而夕阳则渐渐沉没在鸟影之外更遥远的地方。

归去的云一去杳无踪迹，往日所期待的理想到底在哪里？冶游欢宴、高歌痛饮的兴致早已衰减了，过去那些洒脱不羁的酒友也多是或死或散，寥落无几。而现在的柳七，也早已不再是当年那个俊逸潇洒、诗酒风流的翩翩少年了。

是的，他老了，如这天地间的秋日暮色一样，尝尽那人生的苍凉滋味。

本篇为词人晚年游长安乐游原自伤身世之作。跋涉在夕阳古道，穷困潦倒的词人回忆不堪回首的往事，慨叹自己漂泊无定前途渺茫，抒写了一种茫然失意、深入骨髓的生命情怀。词中，失去了那一份高远飞扬的意气，又消逝了那一份痴迷眷恋的情感，文字中所弥漫的只是低沉萧瑟的色调和声音。

置身于"长安古道"之上，他的心绪便渲染上了浓重的历史色彩。"马迟迟"，车马缓缓而行；"长安古道马迟迟"一句意蕴深远，既表现了对世事的淡漠，也表现了一种对今古沧桑的深沉感慨。

"高柳乱蝉嘶"，高高的柳树上秋蝉嘀叫，声音纷乱凄凉，夕阳在山的那边慢慢降落，秋风在原野上用力地吹起；秋蝉之嘶鸣更独具一种凄凉之至，也表现有一种时节变易、萧瑟惊秋的哀感。"夕阳鸟外"，飞鸟隐没在长空之外，而夕阳隐没则更在飞鸟之外，更显得郊原之寥阔无垠。"目断四天垂"，词人极目远眺，看不见人烟，只见那广阔的天空如幕帐般向下四垂。只见天苍苍，野茫茫，双目望断而终无一归处。文字间罩上了悲凉深广的情调。

追思过去，慨叹追怀眷念的往事已无迹可循。"归云一去无踪迹"，"归云"喻指所思念的恋人，也是一切消逝永不复返的事物的象征。"何处是前期？"往日的理想期待在哪里？"前期"既是旧日的志意心期，又是与旧日的欢爱约期。然而，这两种期待都不知在"何处"了，暗指所至爱的佳人和青春时的人生抱负双双落空。

"狎兴生疏,酒徒萧索"写此时的寂寥和落寞:冶游饮宴的兴致已衰减,当日与他在一起歌酒流连的"狂朋怪侣"也都已老大凋零。志意无成,年华渐老,于是便只剩下了"不似少年时"的悲哀和叹息。所有的一切在时间流逝中都显得虚幻、不真实。所以一切也都无所谓了。在这里,词人没有了昔日狂放不羁的性情,没有了欢歌痛饮的兴致,甚至对情爱也无所顾忌无所留恋。正所谓"哀莫大于心死",词中只是抒发对世态炎凉、人情冷暖的悲凉感受,对功名宦途、对人生前路只剩下心灰意冷。

这首词描绘出高柳乱蝉、夕阳秋原的凄凉,寄寓了沉痛的身世之感。堪称是作者悲苦一生的高度概括和真实写照。而这种风调、这种感慨,显然是柳永晚年心境的写照。所谓"夕阳西下,断肠人在天涯",一种深刻的寂寞与孤独包围着柳永,直至他的人生最后。

柳永任华阴令期间,还发生了一件事。有一个少年带着仆从,大张声势来到妓院。妓家以为他是一个富豪有钱人家,便招待他吃喝玩乐,住了十多天,吃了十多天。这个混世少年竟不付钱,还携妓女首饰逃走。妓家这才感觉上当,心中感到不平。于是便向县令柳永申诉告状。柳永很是重视,马上派人前去将那白吃白喝还白拿的少年抓捕归案。他还借一古诗句写下判书云:

> 自从桃源路已深,仙郎去日暗伤心。
> 离歌不待消声唱,别酒宁劳素手斟。
> 更没一文酬半宿,聊得十匹当千金。
> 想应只在秋江上,明月芦花何处寻。

可见柳永为官处事还是比较公道,做事也很有效率。

不过，柳永在华阴任上的日子颇为清静，公务并不多，以至感到了几分空虚无聊：

> 骤雨新霁。荡原野、清如洗。断霞散彩，残阳倒影，天外云峰，数朵相倚。露荷烟芰满池塘，见次第、几番红翠。当是时、河朔飞觞，避炎蒸，想风流堪继。
>
> 晚来高树清风起。动帘幕、生秋气。画楼昼寂，兰堂夜静，舞艳歌姝，渐任罗绮。讼闲时泰足风情，便争奈、雅欢都废。省教成、几阕清歌，尽新声，好尊前重理。
>
> ——《玉山枕》

一场急雨过后初放晴时，雨水涤荡后的平原旷野清新如洗。断续的云霞放射着夕阳的光采，残阳倒映在池沼中，有数朵远在天外的云峰，像恋人相依相偎。带露荷叶开满了池塘、雾中菱角转眼间已变红变绿。在河朔之地避暑时那种举杯畅饮、诗酒风流的日子也许还能延续下去。

傍晚，参天大树在清凉的晚风中摇曳，门窗帘帷随风飘动，让人顿生秋日凉意。白天画楼里寂静无声，夜晚在兰台幽寂难耐，于是便任那歌女们穿着罗绮起舞清歌，放松一下自己的身心。正好公务清简，民间讼事稀少，才有这闲情逸致，观赏歌舞风情。连这样的清欢雅事都没有，岂不是很无奈。于是就教会她们几首新作的清歌雅曲，在酒宴上重新唱起。

这或许是在华阴县令任上所作。"断霞散彩，残阳倒影，天外云峰，数朵相倚。露荷烟芰满池塘，见次第、几番红翠"，是咏夏名句。从夏荷红翠到清风秋气，从"风流堪继"到"渐任罗绮"，时光荏苒，季节交替，不堪"画楼昼寂，兰堂夜静"的词人感到公务闲余的空虚无聊。与过去那种歌舞风情的日子渐行渐远，甚至"雅欢都废"。越想越惆怅，越想越无奈，这是为哪般？

然而到了冬天，生于南方的柳永见识到陕西的北方大雪，还是感到了几分新奇快意：

  长空降瑞，寒风翦，渐渐瑶花初下。乱飘僧舍，密洒歌楼，迤逦渐迷鸳瓦。好是渔人，披得一蓑归去，江上晚来堪画。满长安，高却旗亭酒价。
  幽雅。乘兴最宜访戴，泛小棹、越溪潇洒。皓鹤夺鲜，白鹇失素，千里广铺寒野。须信幽兰歌断，彤云收尽，别有瑶台琼榭。放一轮明月，交光清夜。

——《望远行》

辽阔无垠的天空初降瑞雪，雪花片片均匀，如渐渐寒风用剪刀铰过似的。纷纷飘落在寺院，密密洒落在歌楼，曲折连绵，渐渐辨别不清鸳鸯瓦。正是打鱼人披着蓑衣返航归去的时候，傍晚的江面，风景美丽，可堪入画。整个长安酒楼的酒价高昂、生意兴隆。

幽静风雅的雪夜，最适合如王徽之一样，雪夜剡溪泛小舟，潇洒访戴逵，乘兴而行，兴尽而归。在雪夜里看去，皓鹤都被夺去了光艳，白鹇仿佛也失去了雪白素色，白雪铺满了千里寒冷的原野。应该相信，这个季节已没有春兰夏云的美景，却另有庭列瑶阶、林挺琼树的奇观。让一轮明月的光辉，与这清静夜晚里的雪光交相辉映吧。

不过，这首词也常常惹来人们的一些议论。清许昂霄《词综偶评》)就认为这首词"掩袭太多"。意思是袭用前人的诗意过多。如"寒风翦，渐渐瑶花初下。"沿袭了唐韩愈《咏雪赠张籍》中"片片匀如剪，纷纷碎若挼"；从"乱飘"至"堪画"，则承袭了唐代诗人郑谷《雪中偶题》："乱飘僧舍茶烟湿，密洒酒楼酒力微。江上晚来堪画处，渔人披得一蓑归。"；"乘兴"句则采用了晋人王徽之"雪夜访戴逵"(《晋书·王徽之传》载)的典实；"皓鹤夺鲜，白鹇失素"以及"别有瑶台琼榭"皆继承南朝宋谢惠连《雪赋》中"庭鹤夺鲜,白鹇失素"及"庭列瑶阶,林挺琼树"的名句。

可以说,这首词是拼接而成的,有点儿文字游戏的味道。不过,柳永化用前人诗句描绘出长安城内城外月色和雪光交相辉映的清静雪夜,堪称是天衣无缝,"清雅不俗"(清黄氏《蓼园词评》)。

从词意中也可以看出,此时在长安遇雪的柳永心情还是比较愉快、喜悦的。在明月清辉映照之下,雪夜里的瑶台琼榭看起来格外美丽。让人隐然有清逸出尘、飘然欲仙的感觉。

大自然的美景有时会给人以意外的惊喜和沉醉,让人忘却尘世的烦恼和苦楚。

算孟光、争得知我，继日添憔悴

　　伫立长堤，淡荡晚风起。骤雨歇、极目萧疏，塞柳万株，掩映箭波千里。走舟车向此，人人奔名竞利。念荡子、终日驱驱，争觉乡关转迢递。

　　何意。绣阁轻抛，锦字难逢，等闲度岁。奈泛泛旅迹，厌厌病绪，迩来谙尽，宦游滋味。此情怀、纵写香笺，凭谁与寄。算孟光、争得知我，继日添憔悴。

——《定风波》

在这首词中，我们看到一个对宦游羁旅生涯已经疲倦生厌的柳永。他久久伫立于长长的堤岸上，直到和畅舒适的晚风吹起。暴雨停歇后，满目清丽，塞外的柳树成千上万，柳叶的影子掩映着这千里堤岸。大家为了名利日夜奔波，水陆并进来到这里。想起我这辞家远出、羁旅忘返的人儿，终日奔走辛劳，哪里还觉得故乡的辗转遥远。

为什么我要轻易抛弃心爱的她，远离家乡来到这里，没有她的音信，真是度日如年，平淡无味。无奈行踪飘忽不定，病弱精神不振，近来尝尽了外出做官的滋味。这种心情，纵然写成书信，又能寄给谁呢？料想，即使是孟光这样的贤妻，也难深切了解我，连日来又添了几分憔悴。

这首词很有意思。尤其是那句"算孟光、争得知我，继日添憔悴。"很值得玩味。柳永在用"孟光"这一典故以表达"宦游滋味"无人知晓时，无意间透露出这位"忍把浮名，换了浅斟低唱"的"荡子"，终于也需要"贤妻"的了解和疼爱的孤独疲惫情绪。

我们知道，孟光是东汉隐士梁鸿之妻。夫妻隐居于霸陵山中，以耕织为生。梁鸿为佣工，每食时，孟光必举案齐眉，以示敬爱。孟光后来便成为古代贤妻的典型。柳永尽管一生有无数的红颜知己，羁旅在外的他，"终日驱驱"、"泛泛旅迹"、"厌厌病绪"，尝尽了"宦游滋味"，也想家了。

他会怀念那位早逝的妻子琼娘吗？事实上，她在家乡已为柳永生下一个儿子。这个儿子叫柳涗，字温之。到宋仁宗庆历六年（1046年）贾黯榜进士，曾官著作郎。嘉祐六年（1061年）为秘书省校书郎，守陕州司理参军，以政绩闻，特改大理寺丞。

雨晴气爽，伫立江楼望处。澄明远水生光，重叠暮山耸翠。遥认断桥幽径，隐隐渔村，向晚孤烟起。

残阳里。脉脉朱阑静倚。黯然情绪，未饮先如醉。愁无际。暮云过了，秋光老尽，故人千里。竟日空凝睇。

——《诉衷情近》

景祐四年（1037年），柳永调任余杭县令，抚民清净，不多事不扰民，深得百姓爱戴。明代嘉靖年间修订的《余杭县志》中《名宦》记载："柳永字耆卿，仁宗景祐间余杭令，长于词赋，为人风雅不羁，而抚民清静，安于无事，百姓爱之。建玩江楼于南溪，公余啸咏，有潘怀县风。"

康熙《余杭县志》卷八："玩江楼在通济桥南东堍丰乐坊，面瞰苕溪，宋令柳永建，旋废。后建苕溪馆于上。今废。"

明代田艺蘅《雪中携酒访徐八翁第之》诗注："余杭有柳耆卿江楼遗迹。"

可见，柳永在余杭县令任上在当地江边修建了玩月楼，那里成为文人咏风吟月、把酒论诗的聚会遣兴之所。这首《诉衷情近》大概就是此时所作。

江南水乡的秋色是平远开阔、疏淡优美的。雨晴之后，溽暑已消，天高气爽，给人以舒适清新之感；这时词人柳永登上江边楼台伫立远望，眼前一派诗情画意：江水清澈澄明，波浪在夕阳落照中粼粼闪映；更远处是层层苍翠的远山连绵起伏。远远地辨认出断桥、幽僻的小路，还隐隐约约地辨认出有个小渔村，在这黄昏时分，一缕炊烟正在村里袅袅升起。

断桥、幽径、渔村、孤烟，构成了秋日暮色的画面。这幅荒江日暮秋色图给人以荒寒、凄清、寂寞之感。词中的"断桥"，原指杭州西湖白堤上的断桥，为《白蛇传》中所说的白娘娘和许仙的相会处。柳永在词中提到"断桥"不一定就实指西湖断桥，但却寓意自己所怀念的故人应当就是昔日相爱的情人。

夕阳里，词人静倚楼栏陷入沉思，不禁动了离情别绪，未饮先醉。是谁着一袭碧衣，在那断桥石边许下无邪心愿；曾记否，是谁微闭双眸，期待着锦绣前缘，江山如画；曾记否，是谁轻启丹唇，清歌一曲，只叹那如花美眷，似水流年。那些曾经最美好的时光，曾经最无忧的韶华，已经一去不复返。那心头的离愁浩瀚如海，无边无际，郁结难散。暮云已然飘过，秋景也已快过尽。而往日的故人正远隔千里，让柳永整日凝睇不语。

这首词意境开阔，景象清旷，有着很强的画面感。在这天高地远、关山远水之间，让人的思绪不禁随风飞扬而起，生发出这样的感叹："暮云过了，秋光老尽，故人千里。"一种对岁月青春的怀念顿时穿越了当下的时空。"竟日空凝睇"，这种怀念与追忆最后凝铸成一座眺望姿态的沉重雕像。这是柳永对生命和爱情的一次深情回首。

学者曾大兴在《柳永和他的词》中评论这首词："无论视线升天入地，最后总离不开自己所用以吐纳乾坤、网罗宇宙的那个空间。词人正是通过仰视、俯视和平视等多层面的艺术特点,由远而近,移远就近,上下四方,一目千里,创造了一个阴阳开阖、高下起伏的节奏空间,体现了中国文化的周而复始、无往不复的宇宙意识。"

> 一叶扁舟轻帆卷。暂泊楚江南岸。孤城暮角,引胡笳怨。水茫茫,平沙雁、旋惊散。烟敛寒林簇,画屏展。天际遥山小,黛眉浅。
> 旧赏轻抛,到此成游宦。觉客程劳,年光晚。异乡风物,忍萧索、当愁眼。帝城赊,秦楼阻,旅魂乱。芳草连空阔,残照满。佳人无消息,断云远。
>
> ——《迷神引》

这是柳永五十岁后宦游各地的心态写照。

柳永宦游经过楚江南岸,舟子将风帆收卷,并驾船靠近江岸停泊。傍晚的孤城里传来清角之声,还引动了悲咽的胡笳声,勾惹羁旅之人凄楚黯然的心绪,更感旅途的寂寞。茫茫江水,平沙惊雁,漠漠寒林,淡淡远山。这样一幅天然优美的屏画,却尽现游子愁怨和寂寞之感。

这一路旅途劳顿,风月易逝,异乡风物在离人眼中显得萧索荒疏。因"游宦"而"旧赏轻抛",让词人心中幽恨不已。那繁华的帝都更显遥远,而重重关山更阻隔了那曾经相约的秦楼,让这游子更感意乱神迷。

"帝城"指北宋都城汴京,"赊"为长、远之意。"秦楼"借指歌楼。这些都是他青年时代困居京华、留连坊曲的生活记忆。按宋代官制,初等地方职官要想转为京官是相当困难的。因而在柳永看来,帝城是遥远难至的。宋代不许朝廷命官到青楼坊曲与歌伎往来,否则会受到同僚的弹劾,于是柳永便与歌伎及旧日生活断绝了关系。

"芳草连空阔,残照满。佳人无消息,断云远",因种种原因,旧情像一片断云随风而逝。那些被岁月覆盖的花朵与笑脸，在白驹过隙之间便成为一片空白。那些被时光记忆中遗弃的余香，随风飘过，了无影迹。漫漫仕途的倦旅，让这远行人内心十分矛盾痛苦。

可以说，这首《迷神引》是柳永个人生活的缩影：少年不得志，便客居京都，流连坊曲，以抒激愤；中年入仕却不得重用，又隔断秦楼难温旧梦，心中苦不堪言。他的酒杯中盛满的是寂寞，眼角噙满的是一滴孤独的泪。他总是在深夜举着雕花的酒樽，着一席不染纤尘的白衣，自顾自地咏叹，抬眼低眉间，他的风流不羁总是坠满了孤寂。

到了后来的明朝时，在余杭流传着不少关于柳永的故事传说。其中有不少明显是编造的。

明嘉靖中洪楩编刊的《清平山堂话本》中就有一篇《柳耆卿诗酒玩江楼记》。"耆卿"就是柳永的字，时人又称他"柳七官人"。这篇小说讲柳永到浙江余杭县当县宰，看中一个叫周月仙的歌伎。"柳七官人春心荡漾，以言挑之。月仙再三拒之，弗从而去。"柳七官人打听到原来周月仙有一个情人黄员外，每夜用船往来。柳七官人"乃密召其舟人至，分咐交伊，'夜间船内强奸月仙，可来回覆，自有重赏。'"周月仙遭船夫强奸后，惆怅作诗歌之："自恨身为妓，遭淫不敢言。羞归明月渡，懒上载花船。"日后，柳七官人排宴玩江楼，将船夫相邀在座，又召歌伎周月仙前往。他自唱周月仙所作的诗，令她惶愧不已，羞惭满面，低首不语。然后，"月仙向前跪拜，告曰：'相公恕贱人之罪，望怜而惜之！妾今愿为侍婢，以奉相公，心无二也！'"柳七官人在任三年，周月仙殷勤奉从，两情笃爱。

这则传说充满了明清时期喜好艳闻猎奇的市民趣味，其中柳永的形象很是不堪。而且文中将南唐后主李煜的词也张冠李戴，当作了柳永的词。所以，《清泥莲花记》在转载这则野史时，特意加了个注脚"此出小说家，不足为据，聊复存之"。大概也是出于对这个传说真实性的怀疑。

后来，冯梦龙在《喻世明言》中的《众名姬春风吊柳七》却是这样演绎的：柳永在余杭任县令时，官妓中有位周月仙颇有姿色，更通文墨。一日，柳县令见她神色郁郁不乐，便问其缘故。原来周月仙与本地一个黄秀才情谊深浓。每夜月仙渡船而去，与秀才相聚。同县有个刘二员外，爱月仙风姿，欲与欢会，月仙执意不肯。那刘二员外心生一计，嘱咐舟人，教他乘月仙夜渡，移至无人之处予以强暴。然后取个执证回话，自有重赏。舟人贪了赏赐，果然乘月仙上船，远远撑去。摇到芦花深处的僻静所在，舟子强暴了周月仙。月仙惆怅中吟诗一首："自恨身为妓……懒上载花船"。舟人记了这四句诗，回复刘二员外。员外赏了舟人，便邀月仙佐酒。酒到半酣，又去调戏月仙。月仙仍旧推阻。刘二员外取出一把扇子来，教月仙诵扇上之诗，却为昨夜舟中所吟四句。月仙满面羞惭，安身无地，只得从了他。以后刘二员外日逐与她家往来，不容黄秀才相处……身为一县父母官的柳永听得此语，好生怜悯。当日就唤老鸨过来，将钱八千付作身价，替月仙除了乐籍。一面请黄秀才相见，亲领月仙回去，成其夫妇。

在这篇小说里，周月仙爱慕的对象成了穷书生黄秀才，而刘二员外买通船夫污辱周月仙。出任余杭县令的柳永成为一位具有正义感和成人之美风范的清官贤吏。这也相当于一种为柳永辩诬的"平反昭雪"吧。应当说，这个余杭令柳永更接近历史上真实的人物形象。因为出仕后的柳永已经十分珍视自己的"名宦"身份和名节，很少再去混迹青楼。甚至也很少再去写一些艳歌俗词。这一时期，他创作了不少用于投献朝官和称颂升平的"雅歌"，以及大量表现宦游羁旅生涯题材的词作。对于早年曾经饱读圣贤书、立志齐家治国平天下的柳永来说，颇有些"浪子回头"的意味。

遥山万叠云散，涨海千里，潮平波浩渺

　　宋仁宗宝元二年（1039年），54岁的柳永调任出任昌国州（今浙江舟山市）晓峰盐场使官，监督制盐。掌握盐课税利与盐的储运，配合打击私盐、假盐等职责。

　　从西汉开始，盐铁官营，并且成为了国家财税的重要收入。舟山地处海隅，自古享有渔盐之利，仅宋代就先后在舟山设正监盐场五处。初到定海的柳永，看到浩渺烟波、绿树啼鸟，勾起内心思绪，写下了一首颇富才情的作品《留客住》。

　　柳永《乐章集》中收载了这首词：

　　偶登眺。凭小阑、艳阳时节，乍晴天气，是处闲花芳草。遥山万叠云散，涨海千里，潮平波浩渺。烟村院落，是谁家绿树，数声啼鸟。

　　旅情悄。远信沈沈，离魂杳杳。对景伤怀，度日无言谁表。惆怅旧欢何处，后约难凭，看看春又老。盈盈泪眼，望仙乡，隐隐断霞残照。

　　　　　　　　　　　　　　　　——《留客住》

　　偶然登上危楼，倚着栏杆远眺。正逢艳丽明媚的春天时节，刚刚雨过天晴，这里的野花飘香，芳草萋萋。远山重重叠叠的云雾已经散去，渺漫无际的南海，

正值满潮,波涛旷远。在烟雾缭绕的村庄院落里,不知是从谁家的绿树上,传来几声鸟啼鸣。

羁旅者油然而生忧伤情怀。远方佳人音讯沉沉,游子思绪幽远杳杳。对景伤心,度日无语,即使有话又能向谁表示?伤感过去一起欢爱的佳人如今不知在何处,日后的约会已不可凭信,看一看这明媚的春天,感觉自己又苍老几许。眼泪盈眶,忧愁悲伤,遥望所欢居处,只见片段云霞和落日余晖。

公事之余,柳永偶然登高眺览。风日晴和,凭栏观望,花草鲜美。其色彩、气味、态度无不洋溢出悠闲朴素的野趣。放眼望去,山岛云消,潮平浪静,海天千里,空阔无垠。远眺之际,忽闻啼鸟数声,不觉将视线转移到了绿树掩映中的农家村落。海山风光,尽展眼底。

行役海上,每存羁旅之思,忽睹如画美景,不免生起"虽信美而非吾土"的感叹。羁旅者的孤独是"对景伤怀,度日无言谁表。""远信沉沉,离魂杳杳",对景伤心,度日无语,即使有话又能向谁表示?

据宋人张津《乾道四明图经》卷七:晓峰场,在(昌国)县西十二里。柳永字耆卿,以字行,本朝仁庙时为屯田郎官,尝监晓峰盐场,有长短句,名《留客住》,刻于石,在廨舍中。后厄兵火,毁弃不存。今词集中备载之。宋代祝穆《方舆胜览》也云:"柳耆卿监定海晓峰盐场,有题咏。"

可见《留客住》一词,当时曾颇被看重,曾刻在石上,放置在官舍之中,只是后来被兵火所毁。在这首词中,柳永写到了羁旅者的伤春,是"惆怅旧欢何处,后约难凭,看看春又老"。

盐仓滩头,海潮低沉叹息,定海上空,一片愁云阴翳。来到这里,柳三变继续他的宦游岁月……他已不再是那个流连青楼歌馆、吟唱着"今宵酒醒何处,杨柳岸、晚风残月"的翩翩少年。

在舟山"煮海"的盐场,柳永看到的是完全陌生的另一个世界。作为一名盐场主官,柳永经常亲近盐民,与盐民打成一片,体察民情、体恤民苦。亲眼目睹了盐户的艰辛和痛苦。

北宋制盐主要有晒盐、煮盐两种,沿海地带一般煮海水为盐,俗称"煮海"。古老盐场里,春夏季节潮退之后的海涂上,一片片盐花在午后日光晒照下白得耀眼。盐民把这些带白花的海泥刮下来,堆积成一个个"岛屿"。经过"风干日曝",泥土中的水分渐渐蒸发了。再引海水把泥上的盐花融解过滤成卤水。然后盐户还要深入虎豹出没的山林劈树砍柴,回来将这些盐卤水放到大锅里"晨烧暮烁",煎到水干,最后制成了雪白的海盐。这如雪的海盐是盐民用辛劳和血汗换来的。

当面对着食不果腹、衣不蔽体、面露菜色的盐民,柳永感到十分震惊。他们上山砍柴,不论远近,不避虎豹,早出晚归,船载肩扛,运柴归来,他们又头顶炎炎烈日,忍受火焰的炙烤,连脚下踩着的泥涂也在腾腾地冒着暑气。那些白花花的海盐是盐民们经历千辛万苦得来。而这劳动的艰辛还不是主要的。盐民们的痛苦更在于官租私租的重重剥削。

面对这些为妻儿老小的生活而奔波劳碌的盐民,作为一个自幼熟读儒家圣贤经典的读书人,仁者应有的恻隐之心,肩担道义的责任感都让柳永不能冷漠视之。他终于从风花雪月中走了出来,写出了一首直面现实、痛快淋漓的七言诗——《煮海歌》:

煮海之民何所营,妇无蚕织夫无耕。衣食之源太寥落,牢盆煮就汝轮征。
年年春夏潮盈浦,潮退刮泥成岛屿。风干日曝咸味加,始灌潮波增成卤。
卤浓碱淡未得闲,采樵深入无穷山。豹踪虎迹不敢避,朝阳山去夕阳还。
船载肩擎未遑歇,投入巨灶炎炎热。晨烧暮烁堆积高,才得波涛变成雪。
自从潴卤至飞霜,无非假贷充糇粮。秤入官中得微直,一缗往往十缗偿。
周而复始无休息,官租未了私租逼。驱妻逐子课工程,虽作人形俱菜色。
鬻海之民何苦门,安得母富子不贫。本朝一物不失所,愿广皇仁到海滨。

甲兵净洗征轮辍，君有余财罢盐铁。太平相业尔惟盐，化作夏商周时节。

　　诗中对穷困劳苦的亭户盐民充满了同情，对盐民的艰辛劳作和困苦生活有完整而详细的描述。在诗末，柳永认为关键在于要对海滨之民减轻赋税，推广朝廷恩泽。国家不再发动战争、减少军费开支，减免盐民赋税。柳永寄希望于朝中当权的宰相，像《尚书·说命》所说，治国就像烹饪，宰相即为调味的作料，"若作和羹，尔惟盐梅"。认为只要宰相能够仁爱待民，恢复"三代治世"是指日可待的。那时，盐民便能安居乐业了。

　　在这首诗里，柳永不再是人们心目中那个风流才子，更近于忧国忧民的诗圣杜甫。这篇同情劳动人民疾苦的《煮海歌》，颇似杜甫《兵车行》《石壕吏》或是白居易《卖炭翁》，体现出读书人为民请命的良知与儒生本色，也体现了一位正直官吏对百姓的深切关注和真挚同情。使柳永无愧于一名"时代的歌者"。

　　清代朱绪曾在《昌国典咏》中，极称这篇《煮海歌》"洞悉民疾，实仁人之言"。并有诗说："积雪飞霜韵事添，晓风残月画图兼。耆卿才调关民隐，莫认红腔昔昔盐。"当代学者钱钟书在所著《宋诗选注》中也认为，柳永的《煮海歌》和王冕的《伤亭户》是宋元两代"写盐民生活最痛切的两首诗"。

　　元代冯福京《大德昌国州图志》把柳永列入名宦之中叙述，《余杭县志》中《名宦》也载："柳永字耆卿，仁宗景祐间余杭令，长于词赋，为人风雅不羁，而抚民清静，安于无事，百姓爱之。"可见，柳永为官确能关心民生疾苦，从而博得了百姓的爱戴。

第六章

烟柳魂销：人生如梦鸟空啼

听杜宇声声，劝人不如归去

按照宋代官制，文臣分京朝官与选人两类。选人是指地方初级官员，分七级，提拔称"循资"，各级的地方官员要政绩考满，并且有足够的上级领导推荐，才能"磨勘"选调为京朝官。选人经过磨勘后合格者升为京官，这就是所谓"改官"。而由京官磨勘升为朝官，称为"转官"。

一般而言，选人要经过三任六考的磨勘，也就是每任三年，每年一考。此时柳永已为地方官三任九年，且皆有政绩，按宋制理应磨勘改官。宋仁宗庆历三年（1043年），柳永由正监盐场奉调任泗州判官，仍然是地方幕职。

柳永"久困选调"，遂有"游宦成羁旅"之叹。

远岸收残雨，雨残稍觉江天暮。拾翠汀洲人寂静，立双双鸥鹭。望几点、渔灯隐映蒹葭浦。停画桡、两两舟人语。道去程今夜，遥指前村烟树。

游宦成羁旅，短樯吟倚闲凝伫。万水千山迷远近，想乡关何处？自别后、风亭月榭孤欢聚。刚断肠、惹得离情苦。听杜宇声声，劝人不如归去。

——《安公子》

雨快下完了，才觉得江天渐晚。风雨孤舟，因雨不能行驶，蛰居舟中，抑郁无聊。汀洲之上，采摘香草翠羽的少女已经离开了。只有一双双水禽鸥鹭立在水边。柳永由鸥鹭成双，想到自己独处孤舟，一种深深孤寂之感油然而生。

远远望去，几点渔灯在长满芦苇的水滨时隐时现。停在岸边的渔船上，几个人在议论今夜归程远近，不时指点着前面的一片如烟树林。通过"道去"和"遥指"两个动词，在细节上写了舟人的语言和动作，有一种真切的现场画面感。

长期在外为官，已经成了寄居他乡的羁旅之人。倚靠在短樯边眺望远处，那层层叠叠的云水关山让人迷失了方向感，难以判断乡关何处。昔日良辰美景，胜地欢游，今日则短樯独处，离怀渺渺。亭榭风月依然，但人却不能欢聚了。真是物是人非，令人伤感不已。离情别恨而归期无定，耳畔传来那杜宇声声啼叫，劝人归去，心中愈觉难堪。

据《史书·蜀王本纪》载，望帝称王于蜀，相思于大臣鳖灵的妻子，望帝以其功高，禅位于鳖灵。在这之后，望帝修道，处西山而隐，化为杜鹃鸟，至春则啼，滴血则为杜鹃花。这声声啼叫是杜宇对那个梦牵魂绕的佳人的呼唤。

"听杜宇声声，劝人不如归去。"宦游羁旅中的柳永已经颇有归去之心了。耳畔的声声杜宇鸟鸣，如一阵阵催人的心跳。

> 向深秋，雨余爽气肃西郊。陌上夜阑，襟袖起凉飙。天末残星，流电未灭，闪闪隔林梢。又是晓鸡声断，阳乌光动，渐分山路迢迢。
>
> 驱驱行役，苒苒光阴，蝇头利禄，蜗角功名，毕竟成何事，漫相高。抛掷云泉，狎玩尘土，壮节等闲消。幸有五湖烟浪，一船风月，会须归去老渔樵。
>
> ——《凤归云》

那城西的郊外，那凉爽的空气，已经是秋天了，使人有了那寒冷肃杀的感觉。柳永走在小路上，黑夜已经阑珊了，白天就要来临，正是破晓时分。天气更是寒冷了。所以"陌上夜阑，襟袖起凉飙"，凉风吹在衣襟两袖之中。抬头一看，天边有几点残星，而且有一个陨落的流星，带着闪烁的光芒，明亮的流星的光线就在树林那边沉没了。

他在路上奔走已不是一天，今天又是破晓的鸡声唱过。阳乌，神话传说太阳里有一只三足乌，这里指太阳。太阳的光影透露出来了，"阳乌光动"。太阳本身还没有出来，山的那一边隐隐有日光的光影慢慢地显现。黑夜之中，路都是迷蒙看不清的，在破晓的光影之中，才逐渐地分辨出要走的山中崎岖的小路漫长遥远。

"驱驱行役，苒苒光阴，蝇头利禄，蜗角功名，毕竟成何事，漫相高。"这是柳永的悲哀。为了谋生，奔波于道路之上。相传柳永一生生活在这种贫穷困苦的路途奔波之中，这就是他的"驱驱行役"。行役，不是游山玩水的旅行，所以叫作役。是为了公家的差遣，派你到什么地方去。虽然很遥远，你能不去吗？一生都奔走在路上，驱驱行役。而人的年华有限，是"苒苒光阴"，我们的年华就在路途的奔波之中消逝了。而这种驱驱行役不就是为了赚一口饭吃吗？为了像苍蝇头那样一点点利禄，而得到的那个名位，则是蜗角功名。蜗角语出《庄子》："有国于蜗之左角者，曰触氏；有国于蜗之右角者，曰蛮氏。时相与争地而战。"（《庄子·则阳》）蜗角，比喻极微小的境地。总而言之，这么微薄的功名利禄，是蝇头利禄，这么卑微的职位，是蜗角功名。"毕竟成何事"，就为了谋一糊口的饭，奔走在驱驱行役之中，任凭苒苒年华消逝了。这算什么样的生活？是"漫相高"。

"抛掷林泉，狎玩尘土，壮节等闲消。"原本他希望像古人常常说的，将来功成业就，可以隐居，终老在林下。可是他现在有这样的资格吗？没有！抛掷了林泉之下的生活，没有资格享受这样美好的安逸生活。狎玩尘土，我所亲近的就是路途上奔波劳苦的生活。"壮节等闲消"，我当年那种伟大的理想、伟大的抱负，就这么随随便便地消磨殆尽了。

"幸有五湖烟浪，一船风月，会须归去老渔樵"，虽然我自己没有林泉隐居，但是大自然有五湖的烟浪。可以载着一船风月。会有一天，我一定真的不再奔走，归去终老过渔樵的生活。这是柳永在羁旅行役路途上的悲哀。

事实上，柳永一生都纠结于白衣与仕宦、进取与退隐之间。

当置身于风月之中时，他从内心深处并不能真正挣脱功名之念的牵绊，去寻找超脱现实的理想自我。当他历经流离、倦于宦游时，常常怀念当年在京都的歌宴生活，甚至生出归隐林泉之想。然而，随着年岁渐增，他已经在功名路上无法回头了。为了仕途进取，他曾经写过许多干谒投献之作。如《望海潮》、《一寸金》《永遇乐》等，都是投献给杭州、成都、苏州等地的地方官的，希望获取改官升迁的机会。

很快又一次机遇降临了。宋仁宗庆历八年（1048年）秋，天上出现了一个吉祥天象："老人星现。"

老人星，其位置偏南，人们也称之为"南极老人星""南极仙翁"。在我国北部看不到，只有长江流域及以南的地方，才能在短暂的时段里在低低的南天看到它。中国古代占星家认为，老人星的出现是天下太平的征兆，见到了这颗星，将预示着国泰民安。

时值大病一场之后，刚刚恢复健康的仁宗很高兴。入内都知史志聪曾在陕西做地方官时，曾与柳永有旧交。他对这位困顿潦倒的才子颇为同情，就乘机让柳三变以教坊进奏的新曲《醉蓬莱》填一首应制的贺词。柳永正为自己沉沦下僚不得意而苦恼。得知此事自然不敢大意。他精心揣摩构思以后，提笔填就一首《醉蓬莱慢》：

渐亭皋叶下，陇首云飞，素秋新霁。华阙中天，锁葱葱佳气。嫩菊黄深，拒霜红浅，近宝阶香砌。玉宇无尘，金茎有露，碧天如水。

正值升平，万几多暇，夜色澄鲜，漏声迢递。南极星中，有老人呈瑞。

此际宸游，凤辇何处，度管弦清脆。太液波翻，披香帘卷，月明风细。

——《醉蓬莱慢》

大意是：千里平川，树叶萧萧落下，有白云悠悠飘在高山之巅。凉爽的秋天，刚下过了雨。华丽宫阙高耸入云，环绕着郁郁葱葱的美好气息。玉石台阶的旁边，深黄的菊花是那么柔嫩，淡红的木芙蓉花正在怒放。大殿玉宇纤尘不染，金质的承露盘中汇聚了仙露，碧蓝的天空明净如水。

正值天下太平，日理万机的皇帝有更多闲暇。在这澄明清澈的夜色中，计时的漏壶滴水声远远传来。在南天的群星中，象征吉祥的老人星出现了。在这样美好的时刻，皇上出来巡游，他的车驾在哪里呢？只听得弦管乐合奏的清亮声音。此时此刻，太液池的波浪开始翻滚起来，宫中披香殿的帘子也卷起来了，明朗的月光下，轻风细细吹来，此情何极！

词中色彩鲜明、声味谐美，首句就化用了南朝诗人柳恽《捣衣诗》中的诗句："亭皋木叶下，陇首秋云飞。"这些都看出柳永创作这首词所用的心力。人读此词，皆称精妙绝篇，以为寿词繁浩，无出其右。而他自己也颇为自得。

柳三变作好词，将词作交给入内都知史志聪，呈给仁宗皇帝。然而，宋仁宗拿起词来，看到开头一个渐字已经不悦，"渐"有指皇帝身体不豫之意。皇帝病危叫"大渐"。显然有不祥之感。

当宋仁宗看到其中有"宸游凤辇何处"一句时，感到有些眼熟，猛然想起自己为父亲宋真宗赵恒所写的挽词辞意竟然相合，当下不禁变色。当他最后读到一句"太液波翻"时，终于忍不住发作起来，说道："为什么不说'波澄'？"然后一把将词笺掷于地上。

"太液波翻"，是波涛翻卷、动荡不宁之象。皇帝禁宫后苑有这样的景象被视作不祥。所以宋仁宗便问为什么不用"波澄"。水波澄明，有天地澄静、河清海宴、万方祥和之意。正好应了老人星之兆。就这样，柳永阴差阳错地再次失去了改官的机会。

此事在王辟之《渑水燕谈录》卷八《事志》中有记载：柳三变……皇祐中，久困选调，入内都知史某爱其才而怜其潦倒，会教坊进新曲《醉蓬莱》，时司天台奏老人星见，史乘仁宗之悦，以耆卿应制。耆卿方冀进用，欣然走笔，甚自得意，词名《醉蓬莱慢》。比进呈，上见首有"渐"字，色若不悦。读至"宸游凤辇何处"，乃与御制《真宗挽词》暗合，上惨然。又读至"太液波翻"，曰："何不言'波澄'！"乃掷之于地。永自此不复进用。

一次改官的机遇就此与柳永擦肩而过，而且"自此不复进用"。此事过后，柳永心情郁闷，大病一场。据说柳三变改名为柳永也正是在这个时候。

关于柳永改名一事，一直有各种说法，聚讼纷纭。叶梦得《避暑录话》卷下云："柳永，字耆卿。为举子时，多游狎邪，善为歌词……永亦善为他文词，而先以是得名，始悔为己累。后改名三变，而终不能救。择术不可不慎。"叶梦得说，柳永年轻的时候不谨慎，经常到烟花场合去留恋，又写了不少艳词，结果名声很不好，甚至影响到他的仕途，所以他要抛去旧名字，表示要与旧生活彻底决裂。吴曾的《能改斋漫录》就说得更清楚明了："景祐元年方及第。后改名永，方得磨勘转官。"柳三变中了进士后，朝廷对他很不信任，不任命官职，后来改了名字，才给他一个官去做。在《后山诗话》中有云："柳三变……会改京官，乃以无行黜落，后改名永，仕至屯田员外郎。"

同时也另有资料表明，此前柳永一直名叫柳三变，字景庄。正是因为这场大病初愈后，给自己改名永，字耆卿。王辟之《渑水燕谈录》卷八："柳三变，景祐末登进士第。少有俊才，尤精乐章。后以疾，更名永，字耆卿。"

可见，"柳三变"改名"柳永"，表字"景庄"改为"耆卿"，除了前面为了应试科举一说，还有因生病而祈求健康延年一说。永，意为健康长寿之意。"耆"者，老之谓也。可见，到晚年多病才更名为柳永。

庆历三年（1043年），通过各种官员层层考核，柳三变终于熬到可以改官的资历了。

但是，没想到吏部以"柳三变既以词忤仁庙"而不放改官。柳永感到无奈，便去找当时的宰相晏殊。想不到，在晏殊那里又让他碰了一次钉子。"晏公（殊）曰："贤俊作曲子吗？"三变曰："只如相公亦作曲子。"公曰："殊虽作曲子，不曾道：'针线闲拈伴伊坐'。"想不到，会被晏殊这样奚落一番。柳永无言以对，只得默默地退出相府。

晏殊，字同叔，抚州临川（今抚州市）人，是当时名重一时的著名词人。有词集《珠玉集》。他自幼天资聪敏，有神童之称。他15岁应廷试，得到真宗的赏识，赐同进士出身；复试后又擢升为秘书省正字。真宗十分倚重晏殊，"事无巨细，皆咨访之"；不久又升他为翰林学士。晏殊的词自有一种富贵气象，好尚高雅，追求脱俗，即使在歌筵酒席、花间尊前，偶而即兴挥毫，主题不离男女离情相思，也往往有所寄托。

由于柳永长期沦落市井，流连坊曲，经常混迹于歌楼妓馆，难免受市井文化影响，把市井人物的情思欲念，生动活泼的俗语俚辞，大量运用于词中。他又经常应歌女约请作词，供她们在茶坊酒馆、勾栏瓦肆里演唱。因此，他一改文人词的创作路数，而迎合满足市民大众的审美需求。在高雅的士大夫看来，柳永的词格调自然不高。

庆历八年八月，范仲淹拜参知政事，颁行庆历新政，重订官员磨勘之法。宋仁宗根据范仲淹的奏议下诏："臣僚举职官，州县官充京朝官，判、司、薄、尉充县令……"

柳永申雪投诉，到了十月方才改为著作佐郎，授西京灵台令、太常博士。此灵台令不是今天人们所说的灵台县令。所谓"西京灵台令"远承周文王建灵台立丰都的古风雅名。宋人所称"西京"指洛阳而非长安。宋仁宗授柳永为西京灵台令，就是派他做西京洛阳教坊使。虽为太常博士，实类中官近臣。灵台令职务是专管雅乐以外的音乐、唱歌、舞蹈、百戏等的教习与演出，以及涉及节日、盛典上的文娱活动。对于精通词曲的柳永来说，这也算是人尽其才，用其所长了。

这在有关史料中有所记载。据明万历《镇江府志》卷六引柳永之侄《宋故郎中柳公墓志》残文："叔父讳永，博学，善属文，尤精于音律。为泗州判官，改著作郎。既至阙下，召见仁庙，宠进于廷，授西京灵台令，为太常博士。"

庆历八年（1048年），在西京灵台令任上，他写下了一首《凤归云》：

恋帝里，金谷园林，平康巷陌，触处繁华，连日疏狂，未尝轻负，寸心双眼。况佳人、尽天外行云，掌上飞燕。向玳筵、一一皆妙选。长是因酒沉迷，被花萦绊。

更可惜、淑景亭台，暑天枕簟。霜月夜凉，雪霰朝飞，一岁风光，尽堪随分，俊游清宴。算浮生事，瞬息光阴，锱铢名宦。正欢笑，试恁暂时分散。却是恨雨愁云，地遥天远。

"金谷园"在河南省洛阳市西北，西晋卫尉石崇筑园于此，园极奢丽。平康巷陌，原本指唐时长安城平康巷，这里应代指秦楼楚馆聚集之地。羁旅在外的柳永，尝尽了为名声和官职奔波的辛酸，觉得人生把这稍纵即逝的光阴都用在追名逐利之上，实在是很悲哀。于是，他常常回忆京都里的生活，与京都佳人天各一方的惆怅却又涌上心来。

皇祐五年（1053年）年近七十岁的柳永升为屯田员外郎。这是他最后一个官职，世称"柳屯田"。

对闲窗畔，停灯向晓，抱影无眠

  晚秋天。一霎微雨洒庭轩。槛菊萧疏，井梧零乱惹残烟。凄然。望江关，飞云黯淡夕阳间。当时宋玉悲感，向此临水与登山。远道迢递，行人凄楚，倦听陇水潺湲。正蝉吟败叶，蛩响衰草，相应喧喧。

  孤馆度日如年。风露渐变，悄悄至更阑。长天净，绛河清浅，皓月婵娟。思绵绵。夜永对景，那堪屈指，暗想从前。未名未禄，绮陌红楼，往往经岁迁延。

  帝里风光好，当年少日，暮宴朝欢。况有狂朋怪侣，遇当歌对酒竞留连。别来迅景如梭，旧游似梦，烟水程何限。念利名憔悴长萦绊。追往事空惨愁颜。漏箭移，稍觉轻寒。渐鸣咽，画角数声残。对闲窗畔，停灯向晓，抱影无眠。

——《戚氏》

  这一年，柳永来到了宦游羁旅生涯的终点。

  时值深秋，一阵急促的细雨飘洒在院落庭中。栏边的秋菊已经萧然凋谢，天井旁梧桐也已然凋残，轻笼着一层残烟薄雾。柳永凭窗远望江河关山，但见晚霞在落日余晖里黯然浮动，一片片轻若游丝。这景象让人心头不禁有些凄然。

想当年，多愁善感的宋玉看到这晚秋景象，悲凉之感油然而生。回想自己曾经临水登山。千万里路途艰险，行路者心境是那样凄楚，听到陇水潺潺的水声就感到心头愁意弥漫。此时，落叶中的秋蝉和枯草中的蟋蟀，此起彼伏地相互鸣叫喧闹，让人心头平添几分孤独寂寞。

一个人在驿馆里形单影只，度日如年。秋风和露水都开始变得寒冷，在深夜时刻，胸中愁苦更甚。浩瀚的苍穹万里无云，清浅的银河中一轮皓月，明亮而幽雅。惹人心头升起绵绵相思，长夜里对着如此的景色不堪忍受，掐指细算，回忆往昔。那时功名未就，却在秦楼楚馆等欢场流连。一年年时光就这样迁延过去，往事尽成云烟。

那时繁华的京城风光正好，当时他正是年少时光，每天只想着朝夕饮宴，沉迷酒色，寻欢作乐。况且那时还有很多举止轻狂、言行怪诞的朋友相伴，遇到对酒当歌的场景就流连忘返。然而别离后，时光如梭，那些曾经的玩乐寻欢情景就好似梦境，前方一片烟雾渺茫。什么时候才能到岸？都是那些功名利禄害得人如此憔悴，将一颗向往自由的心萦系羁绊。

追忆过往岁月，如今空剩下残容愁颜。滴漏的箭头轻移，微感轻寒，画角呜咽声从远方徐徐飘来，余音袅袅。

须发已然花白的柳永静静地对着窗户，将恍惚摇曳的青灯一口吹灭，等待即将到来的黎明。此时，他只觉得天地间仿佛只剩下自己一个人，形影相吊，孤枕难眠。"驱驱行役，苒苒光阴"，他一生注定是奔波在这漫漫羁旅途中。

这"停灯向晓，抱影无眠"的一夜，仿佛就寓意了他艰难而孤独的一生。

《戚氏》一词颇具代表性，可看作柳永的自我词传，几乎概括了他一生的情志和行状。是一首出色的慢词长调佳作。

《戚氏》这个词调名始见于柳永词，是柳永自度首创的三片长调慢词。全词前后三叠，计二百一十二字，为北宋长调慢词之最。这首词极写羁旅情愁、身世之感，将眼前秋景、心中愁思、往事回忆三者均打成一片，堪称柳词压轴之作。"离骚寂寞千载后，戚氏凄凉一曲终。"(宋王灼《碧鸡漫志》)宋人将之与《离骚》媲美，认为是前后辉映之作，可见其时誉之盛，堪称一曲旷世凄凉之歌。

柳永年轻时曾有了一段奢华浪漫的生活，后来仕途屡遭压抑和打击，一生只做过几任小官，长年南北转徙，四方漂流，尝尽羁旅行役的苦痛。这首词表达的正是这种"在路上"的颠沛漂泊的愁情。全词共分为三片，上片写夕阳西下时，中片写入夜时分，下片写从深夜到拂晓，都围绕一个独宿旅寓的行人，写他在这三段时间内的所见、所思和所感。

上片描写的是微雨刚过、夕阳西下时的情景："晚秋天。一霎微雨洒庭轩。槛菊萧疏，井梧零乱惹残烟。凄然。望江关，飞云黯淡夕阳间。当时宋玉悲感，向此临水与登山。远道迢递，行人凄楚，倦听陇水潺湲。正蝉吟败叶，蛩响衰草，相应喧喧。"

"晚秋天"一语便将时令限定在九月深秋，定下了悲秋的伤感氛围。秋光欲尽，一阵小雨稍瞬即逝，那薄纱般的轻纤细雨洒落在驿馆的庭院里。这"一霎微雨"在词人眼中带着某种薄凉的情味。只见那院中秋菊在雨后只剩残花枯叶，更见萧疏。深井边的梧桐树落叶飘零，暮烟袅袅。一片凄凉景象。远眺云水关山，只见高天之色昏黄黯淡，残阳在流云间摇摇欲坠。暮色里的一种悲凉意味忽然紧紧扼住了词人的心："当时宋玉悲感，向此临水与登山。"

宋玉《九辩》开篇即是："悲哉！秋之为气也。萧瑟兮草木摇落而变衰。憭栗兮若在远行。登山临水兮送将归。"正是这几句使宋玉成为中国文人的"悲秋"之祖，从此，"怅望千秋一洒泪，萧条异代不同时。"中国古代的文人墨客无不逢秋而感，吟秋而伤。柳永也似中了宋玉悲秋的蛊，在这深秋时令与凄冷情境的交互激荡下，冥冥中与宋玉有了精神上的深切感应。正如杜甫所说："摇落深知宋玉悲。"据此所述，此词或作于柳永外放楚地期间。

"远道迢递，行人凄楚，倦听陇水潺湲"，路漫漫其修远兮，行人何处不销魂？陇水潺湲，那流水声声幽咽哀绝，淌过远行词人苍凉的心头。北朝乐府《陇头歌辞》其一有："陇头流水，流离山下。念吾一身，飘然旷野。"其三则有："陇头流水，鸣声呜咽。遥望秦川，心肝断绝。"柳永听到的潺浮流水声正有此意。而一个"倦"字透出了宦游中人身心的疲累困顿之态，对仕宦生涯某种无望的倦殆。"正蝉吟败叶，蛩响衰草，相应喧喧。""蝉鸣"于枯枝败叶之内，"蛩响"于披离衰草之间，彼起此伏，相应相和，更添伤心人内心寂寞寒凉之感。

"孤馆度日如年。风露渐变，悄悄至更阑。长天净，绛河清浅，皓月婵娟。思绵绵。夜永对景，那堪屈指，暗想从前。未名未禄，绮陌红楼，往往经岁迁延。"

这里笔锋一转，词人视线重回自身处境"孤馆度日如年"，这一句又下重笔，极言孤独寂寞的环境里心情之不平静，以致度日如年。从黄昏日暮到深更夜阑，风清露冷，天气渐变，人声也已悄然。陇水关山是苦寒之地，风露清寒，月明夜静，柳永只身孤旅，深宵独坐。但见长空澄净，银河清浅，明月流光，心底那些绵绵情思竟恍然而至。他不禁遥想那些流年往事，回首看看自己是怎么一步一步走过来的。在那功名未立时，自己曾流连徜徉于繁华巷陌与红楼香院，倚红偎翠，醉梦贪欢，日复一日，年复一年。柳七的前半生与"绮陌红楼"、红颜脂粉脱不了关系。他又该忆哪个呢？"堪人属意"的虫娘？"家住桃花径"的秀香？还是与其"四个打成一个"的师师、香香、安安？俱往矣，如今再回首时，惊觉岁月忽已晚。

"帝里风光好，当年少日，暮宴朝欢。况有狂朋怪侣，遇当歌对酒竞留连。别来迅景如梭，旧游似梦，烟水程何限。念利名憔悴长萦绊。追往事空惨愁颜。漏箭移，稍觉轻寒。渐呜咽，画角数声残。对闲窗畔，停灯向晓，抱影无眠。"

孤独黯淡的驿馆中，风露深重的暗夜里，词人的眼前却忽然出现一片明亮的光色："帝里风光好"。这是从他青春时代传递过来的亮光与暖色。那时在汴京城里的他正是青春年少，风流不羁。那个时候正是承平盛世，他那时是多么年轻潇洒，一如晚唐五代韦庄的"倚马立斜桥，满楼红袖招"。他与那些同样放浪不羁的"狂朋怪侣"们，成日里在罗绮丛中闻歌笑，倚红偎翠唱新词。然而，很快，这片光亮闪了一下便又消逝了："别来迅景如梭，旧游似梦，烟水程何限。"时光飞逝岁月如梭，而今追忆起来，不禁悲从中来，往事恍惚如梦，烟水般飘忽迷茫的人生前程不知何时是尽头！此时此境，柳永似乎悟透了一些什么，那些功名利禄不过是人生羁绊而已，徒然使人日渐憔悴！追忆那些如烟往事更是令人愁颜惨淡。

想着想着，不知不觉间，"漏箭移，稍觉轻寒。渐鸣咽，画角数声残。""漏箭"为铜漏计时之物，随壶中水线升降移动。时间在不知不觉间流逝，此时稍感秋寒料峭。隐约间，传来了数声城头画角声，余音袅袅如轻烟一般消逝。词人柳永独坐窗畔，不觉天已微晓。息了灯想睡去，却又"抱影无眠"，与自己的影子做伴更难以入眠？结句写尽伶仃独处的凄冷滋味，传神地勾画出一个愁肠百结的天涯倦客形象。

内心挣扎如柳永，一方面痛恨"名牵利惹"，向往那京城里的温柔乡，愿与心上人长相厮守。另一方面却又趋之如鹜，追逐不疲，"驱驱行役"。功名之于古代的读书人，就像穿上了一双传说中的令人跳舞不止的"魔鞋"，起舞后就欲罢不能，只能在万般纠结中跳到人生最后一息为止。其实如果他能摆脱了宿命般的功名思想，凭自己的才华完全沉醉于谱曲写词；如果他彻底退隐像陶渊明一样过起恬淡的田园生活；或者他干脆一门心思约束规范自己，去官场角逐，也许他会过得更安心更快乐。可惜他一生纠结不休，进退维谷。结果最终生命在岁月蹉跎中流逝，已走到白头时分。

这首词将羁旅情愁、身世之感写得淋漓尽致，入木三分。后人视这首《戚氏》为柳永一生的缩影。是呵，在那个烟村水驿的孤独一夜，柳永心头百味杂陈，也许感到了人生的无限寒凉。一生的欢乐、哀愁、回忆与忏悔尽在其中。

回望天际明月，他忽然想起多年前第一次京城赶考，满以为自己才华横溢，定可金榜题名，将有一番大作为；皇榜前站在人群中那个身穿白衣的少年正等着放榜，正在憧憬着未来。那时候他还年轻，还不知道未来到底在哪里。结果却榜上无缘，名落孙山。而他只是轻轻一笑："富贵岂由人，时会高志须酬。"哪知道苦等三年后又是榜上无名。这回他忍不住发牢骚，便写了那首《鹤冲天》："黄金榜上，偶失龙头望。明代暂遗贤，如何向？未遂风云便，争不恣狂荡？何须论得丧。才子词人，自是白衣卿相。"一时竟被到处传诵……又是三年苦熬，终于有了金榜题名的希望，怎想到皇上却还记着那一首《鹤冲天》中的牢骚话，放榜之时，说声"且去浅斟低唱，何要浮名？"又把他给勾掉了。怎想到……

他只得自我解嘲为"奉旨填词柳三变"，做了词人，只有卖词为生。二十多个春秋，混迹市井之中，出入秦楼楚馆，浪迹异乡他地，经受几多离别，承受多少青白眼，这种生活的压力，生活的体味，还有皇家的冷落。这正是："念劳生，惜芳年壮岁，离多欢少。叹断梗难停，暮云渐杳。但黯黯魂消，寸肠凭谁表。恁驱驱、何时是了。"

这一夜，柳永恍如过了一生。天上一颗白亮的启明星遥挂，星下一袭长衣及地。"对闲窗畔"的词人被时光雕刻定格的身形，孤寂凄凉。当年唇红齿白、眉目如画的青春少年郎柳三变，如今已是须发花白、满面风尘的老翁。

红尘滚滚，浊世滔滔。一切声色情缘、名利欲望皆如梦幻泡影。他走过这一生，就像虔诚的信徒赤脚走在玫瑰花丛中，每个足印都渗透着血迹。直到最后，他所有的踏足之处都被鲜花覆盖。所有关于他的传说都化作漫天花雨，被卷进软红十丈的尘埃里。

偶尔人们会拨开花丛，看到殷红如染的足印，讲述着一段曾经惊心动魄的心灵履历。

这首《戚氏》就仿佛是玫瑰花丛下偶然翻露的带血足印。据说写完《戚氏》后，柳永病逝于润州。

屈指劳生百岁期，荣瘁相随

宋代除了执政官（如宰相、枢密使、参知政事、尚书左右丞等）外，对一般官员来说，有70岁致仕（退休）的规定。有自请致仕与敕令致仕之别。自请致仕可以领全俸或半俸，敕令致仕者则不享受俸禄（退休金），故仕人以自请致仕为荣者多。

年已七十的柳永会选择自请致仕。一首《思归乐》足以表明他的心态：

天幕清和堪宴聚。想得尽、高阳俦侣。皓齿善歌长袖舞。渐引入、醉乡深处。

晚岁光阴能几许。这巧宦、不须多取。共君把酒听杜宇。解再三、劝人归去。

——《思归乐》

这天气清和正好适宜宴饮聚会，尽量将那些彼此投合的朋友们聚在一起。在红唇皓齿的佳丽们歌舞声中，渐渐引人进入醉乡深处。岁暮的光阴能有多少，这机缘偏巧的宦途，其实无须过多去谋求。且和酒友举杯，一起听那杜鹃鸟悲伤的啼叫，仿佛在一而再、再而三地劝人回去！

这里，"解再三，劝人归去"，并非是归隐于以往人们仰慕的山水田园、丛林草野，而是"兰堂夜烛"、"醉乡深处"的笙歌罗绮。在许多词作中，柳永一再地将男女爱情与仕途名利进行对照比较，认为情爱重于名利功业的价值观。这种价值取向越到晚年表现得越强烈。"为伊消得人憔悴，衣带渐宽终不悔"，已经清楚地表明了爱情才是人生至高无上的价值观，成为他人生理想的重要支撑。

所以，柳永的归隐颇有"大隐"隐于市、隐于情的意味。

屈指劳生百岁期。荣瘁相随。利牵名惹逡巡过，奈两轮、玉走金飞。红颜成白发，极品何为。

尘事常多雅会稀。忍不开眉。画堂歌管深深处，难忘酒盏花枝。醉乡风景好，携手同归。

——《看花回》

人生百年，屈指即逝。荣华显贵和困厄病痛始终相伴随。人们在为名利诱惑羁绊中，转眼间一生很快就过去了，就像天上的月亮和太阳有升有落，这是无可奈何的事。人们从红颜皓齿的青春少年，到白发苍苍的耄耋老者，最后拼命当上了哪怕是最高级别的官员又有何用呢！

为生存四处奔波的俗事异常繁多琐屑，而对酒当歌的雅兴聚会却很是难得。为何不展眉而乐，笑口常开？装饰华丽的酒楼歌厅是最使人陶醉的地方，醇酒美人更使人销魂难忘。酒醉之后，就像进入了美妙的梦乡，别有一番境界。来吧，牵手共同去领略醉乡的风景，不醉不归！

柳永感叹人生苦短，希望少一点"利牵名惹"，多一些"雅会开眉"；少一点"尘事劳生"，多一些"笑筵歌席"。于是，他反问自己："忍不开眉？""忍负芳年？"怎能忍心不潇潇洒洒，开开心心？怎能忍心辜负这美好的青春年华？他又问自己："赏心何处好？"那么，什么是开心的最佳去处？他回答道："醉乡风景好","惟有尊前"。也就是咱们及时行乐——"醉酒"去吧！

现实是残酷无情的，人总是需要放松减压，更需要温暖柔情，"醉乡"也许就是柳永所需要的最美风景吧。酒是麻醉剂，又是兴奋剂。它可以帮人暂时消解烦忧，助长人们游玩娱乐的兴致，刺激创作激情和灵感等等。自古有刘伶纵酒任真、阮籍醉酒避世、陶潜把酒赏菊、李白"斗酒诗百篇"……文人与酒的缘分总是蕴涵着深厚的文化意味

总的来说，柳永可称得"一生襟抱未曾开"。文人理想的落空使他领略到人生的某种悲凉意味。致仕以后，柳永整理了此生所作的词集《乐章集》。当时，词又称曲子、曲子词、乐府、乐章、琴趣、歌曲、长短句、诗余。所以词集取名《乐章集》。

平生自负，风流才调。口儿里、道知张陈赵。唱新词，改难令，总知颠倒。解刷扮，能嗽，表里都峭。每遇著、饮席歌筵，人人尽道。可惜许老了。

阎罗大伯曾教来，道人生、但不须烦恼。遇良辰，当美景，追欢买笑。剩活取百十年，只恁厮好。若限满、鬼使来追，待倩个、掩通著到。

——《传花枝》

这首词可能是自娱之作。对风尘浪子兼中低阶官员身份的柳永而言，人生仿佛是一场漫长的修行。走到最后回望来时的路，他对人生的真谛终会有所体悟。

"平生自负，风流才调"，他曾经为自己英俊杰出又倜傥不羁的才华自赏。"拆白道字"以示多才，作词改曲，标其多艺；深通化妆，精于吐纳，身体健美，称得上表里都峭。这些"风流才调"在当时被人视为"不检率"、"儇薄无行"。虽人言汹汹，他仍我行我素。每次在歌舞宴会上常常都会有人替他惋惜："可惜

就这样完了！"但他却不以为然，说是"阎罗大伯曾教来"。宋人敬畏阎罗，柳永称阎罗为大伯，诙谐调侃意味十足。阎罗告诉他：人生在世，不要忧愁烦恼，活着的时候就要高高兴兴，没必要自寻烦恼。碰上良辰美景，就尽情地去享受，活上个百十年。我别无所能，对你只能做到这样了。并知会他：生死大限来时，小鬼无常自会来追索你到阴间。只要活着时候按照我说的做了，到时候就痛痛快快来我这里报到吧。

整首词颇有些看透红尘的意味。不过，向阎罗报到的时候很快就到了。因长年奔波，贫病交加的柳永终于倒下了。皇祐五年（1053年），柳永在润州（今江苏镇江）的僧寺里去世，终年71岁。因宦囊微薄，殡葬无着，下世颇是凄凉。据明万历《镇江府志》卷三六附记，直到王安礼知润州时，才将柳永安葬在北固山下。

宋人祝穆在《方舆胜览》中说："卒于襄阳，死之日，家无余财，群妓合金葬之于南门外，每春月上冢，谓之吊柳七。"曾敏行的《独醒杂志》，说：柳永"风流俊迈，闻于一时。既死，葬枣阳县花山，远近之人，每遇清明，载酒肴饮于耆卿墓侧，谓之吊柳会。"

叶梦得《避暑录话》则说："永终屯田员外郎，死旅殡润州僧寺，王和甫为守时，求其后不得，乃为出钱葬之。"礼葬柳永的王安礼是北宋维新派名相王安石的弟弟。

不过，也有另一说，柳永逝世二十余年后，他的儿子柳涚谢官而卜居镇江，遂又改葬柳永于镇江北固山下，并请书法家、堂弟柳淇书写墓碑碑文。

永远的柳永

柳永其人在《宋史》中无传。众多宋人笔记中的记载也只是小说家言，但仍以大略地窥见柳永的感情生活。

柳永尽情放浪多年，身心俱伤，晚年居名妓赵香香家。一日，赵香香在家做了个白日梦。梦见一黄衣吏从天而下，说："奉玉帝意旨，《霓裳羽衣曲》已旧，欲易新声，特借重仙笔即刻便往。"柳永醒来，即要沐浴更衣，对赵香香说："适蒙天帝召见，我将去矣。各家姐妹可寄一信，不能候之相见也。"言毕，瞑目而坐。香香视之，已死矣。一代词魂就这样飘然而去。

一些野史笔记记载，柳永晚年穷困潦倒，死时一贫如洗，是他的歌伎姐妹们集资营葬。死后亦无亲族祭奠。他既无家室，也无财产，死后无人过问。谢玉英、陈师师一班名妓念他的才学和情痴，凑一笔钱为他安葬。谢玉英曾与他拟为夫妻，为他戴重孝，众妓都为他戴孝守丧。出殡之时，东京满城歌伎都来了，半城缟素，一片哀声，这便是"群妓合金葬柳七的佳话"。谢玉英痛念柳七，哀伤过度，两个月后便死去。陈师师等念她情重，葬她于柳永墓旁。每年清明节，歌伎都相约赴其坟地祭扫，并相沿成习，称之"吊柳七"或"吊柳会"。这个习俗一直沿袭到南宋末期。

有道是："乐游原上妓如云，尽上风流柳七坟。可笑纷纷绍绅辈，怜才不及众红裙。"

  柳永的一生，就像是一本精彩的小说，有春风得意马蹄疾，一日看尽长安花的潇洒时光，有无限缱绻的绮梦温存，有种种缠绵的相思与回忆，还有从众星拱月落到人生谷底的瞬间……这样的一幕幕，使他的人生如夏花般多姿多彩。他的才情在跌宕起伏的人生路上恣意挥洒，留下种种经典与传奇。

  他的存在如同烟花，将大宋的江山点染得绮丽无比。他用极度的高温捍卫自己的光芒，在激荡起的红尘喧嚣尚未褪去之时决然地消失，只留下一地冰凉，一地破碎。

  在词的发展史上，柳永是个里程碑。也算他那原本有些身不由己的人生经历里，取得了歪打正着的成就。

  在柳永之前词坛多小令而极少长调慢词，不过是士大夫们的歌筵舞席之消遣。在宋朝初期的半个多世纪，词几乎是处于停滞状态。据《碧鸡漫志》记载"四五十年间，词作者不过 10 人，词作仅存 33 首。"直到 11 世纪上半叶柳永等词人先后登上词坛之后，从根本上改变了唐五代以来，词坛上小令一统天下的格局，宋词开始逐渐步入辉煌。

  小令的体制短小，一首多则五六十字，少则二三十字，容量有限。而慢词的篇幅较大，一调少则八九十字，多则一二百字。慢词篇幅体制的扩大，相应地扩充了词的内容涵量，也提高了词的表现能力，使慢词与小令两种体式平分秋色，齐头并进。这点是非常了不起的，可以说，没柳永的创新开拓，后世的苏东坡、辛弃疾等大家所取得的成就是无法想象的。

  在两宋词坛上，柳永是创用词调最多的词人。他现存 213 首词，用了 133 种词调。而在宋代所用 880 多个词调中，有 100 多调是柳永首创或首次使用。现在，最有代表性的两种词谱当推清代万树编的《词律》和清代康熙敕撰的《词谱》，每一种中都有这样的说明："此调唯耆卿有之，他无可考。此调只有此词，无别词可校。"

有人说，词从晚唐五代时开始诞生、成长，到温庭筠那里开始成为文人词。到了北宋柳永手中才真正成熟起来。柳永以他的文学音乐天才和毕生精力、心血，将宋词发展定型成为一种真正成熟的文学体裁。张端义《贵耳集》卷上引项平斋之语也说："学诗当学杜诗，学词当学柳词。"将柳永的地位与唐朝诗圣杜甫相提并论，可谓称赏无以复加。

所以有人戏称："宋词这锅饭，是温庭筠生了火，是柳永把它煮熟的。"

词能够提升为一种独立的文学体裁，柳永起到了重要作用：

其一曰创体。柳永大力创作慢词，改变了以往小令一统天下的局面。李清照《词论》中称："有柳永者……变旧声为新声……大得声称于世。"此处所说的"变旧声为新声"，道出了柳永填词在艺术上善于翻新旧曲的特色。如《女冠子》词调，原来只有41个字，被他增为111个字和114个字两体。他还能自造新声，如《夜半乐》词调，一改词惯为上、下两阕为三叠。是他使慢词发展成为与小令双峰并峙的一种成熟的文学样式，自此，长词成为流行的词体。柳永以前，慢词总共不过十余首，而柳永一人就创作了132首。

其二曰创意。晚唐以来，词里抒发的大多是类型化、普泛化的情感。从李煜才开始注意表现自己的人生感受，柳永承其余绪，以自己独特的人生体验作为关注对象，像是表现都市的繁华、山川的壮丽、羁旅的愁思、怀古的叹喟、对劳动生活的描述以及对官场争逐的厌弃，他的羁旅行役词展示的就是他一生宦游求索，挣扎浮沉的悲凉。使词都呈现出较为宽阔的画面和较为深刻的情感。从而冲破了晚唐五代词多写男女情爱与闺阁园庭的狭小范围，把词笔投向关塞山河、通都大邑、历史兴亡之中，这就使其词呈现出高远深邃、雄阔浑厚的境界。

其三曰创法。柳永以前常见的抒情方法是运用比兴，通过外在物象的描绘烘托映衬主人公瞬间的心绪。柳永借鉴汉赋的铺陈骈文手法，首次将赋法移植入词。故其抒情词往往具有一定的叙事色彩。《雨霖铃》就像一曲长亭送别的独幕剧,事中有人,情由事生。后来的秦观周邦彦多用此法而变化之。他擅长白描手法,他的词铺叙刻画,情景交融,更多吸收生活中的语言,以俚语入词,形成自家独特的语言风格,即所谓"屯田蹊径"、"柳七风调"。柳词语言通俗浅近,能够雅俗共赏,因而成为当时最流行的歌曲。可以说,他是那个时代创作"流行歌曲"的大师。是他使长词成为流行的词体,而他将土语、方言入词以及铺叙的写法,后来也被词界普遍地采用了。慢词扩大了词的容量,丰富的表现力,能把小令难以表达的复杂内容曲折尽致地表达出来,而这也是为大家所能普遍接受,很快成为词的主流的原因。南宋吴曾《能改斋漫录》云:"词自晚唐以来,但有小令,慢曲当起于宋仁宗朝。中原息兵,汴梁繁庶,歌台舞席,竞赌新声,耆卿失意无俚,流连坊曲,遂尽收俚俗语言,编入词中以便伎人传习,一时动听,传播四方,其后东坡少游山谷相继有作,慢词遂盛。"

柳永是一个专攻作词的职业词人,倚声填词是他毕生精力之所注。虽然柳永在官场上的地位低微,但在词史的发展上却是一个杰出的人物。经他不经意的一推,就把词的发展向前推了一大步。

应当说,柳永词的由俗化雅,柳永这一人格形象的出现,与大宋王朝的经济社会文化转型是有关系的。北宋商品经济繁荣发达,商人市民阶层崛起,他们的生活态度和审美趣味深刻影响了时代的文学审美风尚。

关于柳永和他的词,历来评价不一。当时的词坛"雅文化圈"不太认可柳永的词,认为他的词出语俚俗,浅近卑俗。与柳永同时代的另一大词人张先讥诮柳词"语意颠倒"。严有翼《艺苑雌黄》评柳词是:"大概非羁旅穷愁之词,则闺门淫媟之语。"王灼《碧鸡漫志》认为柳词有"野狐涎之毒":"尝以比都下富儿,虽脱村野,而声态可憎。"

当时的词坛领袖晏殊就对柳词有些不以为然。据张舜民《画墁录》记载:柳三变既以词忤仁宗,吏部不敢改官,三变不能堪,诣政府。晏公曰:"贤俊作曲子吗？"三变曰："只如相公亦作曲子。"公曰："殊虽作曲子，不曾道：'针线慵拈伴伊坐。'"柳遂退。

但是，柳永词的艺术影响力却是公认的。与晏殊相比，另一文坛巨星苏轼却是另一种胸怀。赵令畤《候靖录》卷七引苏轼语评价："世言柳耆卿曲俗，非也，如《八声甘州》之'霜风凄紧，关河冷落，残照当楼'，此语于诗句不减唐人高处。"在柳词中，写都市繁华的《望海潮》(东南形胜)；写羁旅情怀的《八声甘州》(对潇潇暮雨洒江天)；写旅途景色及感受的《夜半乐》(冻云暗淡天气)；写离愁别绪的《雨霖铃》(寒蝉凄切)；悲秋念远的《玉蝴蝶》(望处雨收云淡)；写执着追求的《凤栖梧》(伫倚危楼风细细)等等，这些词艺术性极高，历来被认为是柳词的代表作，是宋词中第一流的精品。

苏东坡曾经老是和柳永比："我词何如柳七？""虽无柳七郎风味，亦自是一家。"他总是忘不了柳永。可见苏东坡对柳永的词相当看重。他不赞成柳永格调淫靡一类的词，却认为柳永的《八声甘州》"对潇潇暮雨洒江天"于诗中不减唐人高处。既然苏东坡看到了这一点，他自己所开拓出来的"天风海涛"之曲也未必不受柳永词的启发。柳永词的开阔博大影响了苏东坡，苏东坡开拓发展为独树一帜的豪放风格词派。而柳永词中铺陈叙述的手法影响了周邦彦，周邦彦开拓为新的词作风格。

苏东坡在翰林院时，曾问一幕僚，自己的词与柳词有何区别。幕僚回答："柳词只好是十七八岁的女孩儿手执红牙板，唱'杨柳岸、晓风残月'，而学士之词则必须由关西大汉执铁绰板，唱'大江东去'。"东坡哈哈大笑。可见，东坡是豁达的，也是清醒的。

柳永在当世"有井水处即能歌柳词"的盛况，已代表了他词作的风靡程度。可见并不缺少知音。柳永词不仅为红袖女子所喜，就怜方外之士亦爱慕之，令人称奇。荆州开元寺有一僧名法明，平素落魄不检，嗜酒好博。每次至大醉，即唱柳永词。由是乡人莫不侮之。每有召饮者其欣然而从，酒酣乃讴柳词数阙而后已，乡人皆称其为疯和尚。忽有一日，谓众僧言："吾明日当逝，汝等无出观。"众僧笑言："岂有是哉。"翌日晨起，法明摄衣就坐，呼众言："吾往矣，当留一讼而去。"众人惊愕而细听其言"平生醉里颠蹶，醉里却有分明。今宵酒醒何处，杨柳岸晓风残月。"乃逝。（见《类苑》）柳永若得知此事，即是一生惆怅，也应慨然长笑。

据说宣和年间，有个叫作刘季高的人，曾经在相国寺吃饭时和人谈论柳词，大肆诋毁，旁若无人。有一个老太监听见了，默然起身，徐徐取出纸笔，跪在刘季高面前请求说："您以为柳词不好，何不自己作一篇给我看？"刘季高哑口无言，这才知道大庭广众间不宜轻论柳词是非，可见柳永的拥趸直到北宋末尚绵延不绝。哪怕是批评他的人，也承认他的作品是难以胜过的。

据《后山诗话》记载，宋仁宗其实也是很欣赏柳永词。柳永的每一首新词出来，立即都能传入禁中。这位仁宗皇帝赵祯常常酒后命宫女们演唱消遣。北宋时翰林院学士范镇，与柳永同年，他很喜爱柳的才华，可听说柳专心致志地写词时，便叹息说，怎么把心思用在这上头。范镇退休之后，听见亲朋故旧之间盛行唱柳词，不少是描述宋仁宗统治期间的繁盛和风土人情，很有感触而又叹息说："仁宗四十二年太平，镇在翰院十余载，不能出一语咏歌，乃于耆卿词见之。"（《方舆胜览》卷十引）译成现代白话文就是说："仁宗皇帝统治四十二年，我在翰林院任职十余年，写不出一句歌词赞颂，竟然在柳永词中见到了。"

宋人黄裳在《书乐章集后》中曾这样评价："予观柳氏乐章，喜其能道太平气象，如观杜甫诗，典雅无华，无所不有。是时，予方为儿，犹想见其风俗，欢声和气，洋溢道路之间，动植咸若。令人歌柳词，闻其声，听其词，如丁斯时，使人慨然所感。呜呼！太平气象，柳能一写于乐章，所谓词人盛世之黼藻，岂可废耶？"

王灼《碧鸡漫志》卷二转引宋人评价柳永词《戚氏》："离骚寂寞千载后，

戚氏凄凉一曲终。"以《离骚》来比柳词，可谓推崇之至。

正如当代学者李劼所说：一句"今宵酒醒何处，杨柳岸、晓风残月"道尽宋朝人文气象。纵观一部中国历史，有宋一朝犹如一个感伤的黎明。中国式的文艺复兴，自此开启。

后　记

柳永是一个传奇，他的人生经历和他的词作一样迷人。

他的本名叫柳三变，字景庄。后来改名柳永，字耆卿，因排行老七，又称"柳七"。柳永是北宋婉约派最具代表性的人物。崇安（今福建武夷山）人。宋仁宗朝进士，官至屯田员外郎，故世称"柳屯田"。

柳永出身于官宦门第，生长于大宋朝的繁华盛世。因屡试不第，他便自称"奉旨填词柳三变"，个性放浪不羁，流连于青楼歌馆，并以毕生精力作词，以"白衣卿相"自许。他的词多描绘都市风光和青楼生活，尤长于抒写羁旅行役之情。并在词中大量引入市井俗语，开创了慢词长调为主流的宋词格局。

其实，柳永的一生充满了矛盾纠结。他一边执着于科举仕途，一边又醉心于词的创作，仿佛有着取之不竭的艺术灵感；他一面热衷宦途功名，一面又迷恋红尘温柔乡；他一面写下一首首文字典雅高华的"雅词"用以投献干谒，一面又为宫廷乐工、青楼歌女创作了大量掺有俚词白话的"俗词"。在他的词集《乐章集》中大部分词作映射了这一生都无法化解的纠结和矛盾。

这位"奉旨填词"的专业词人，浪迹江湖的游子，自命不凡的"白衣卿相"，出没秦楼楚馆的浪子，以一支春风词笔写尽大宋王朝的风流繁华与颓靡忧伤。他出色绘制了"太平时，朝野多欢民康阜"的城市民俗图卷，展现了那个时代的城市风貌，那个时代的市民生活。一壶酒，一束花，一曲清歌，便能在他的笔墨间缠绕成温婉缱绻的长短句，百转千回，欲说还休。最终，他让自己的一生时光活得如同那一季缤纷的夏花。

他有着"脉脉人千里。念两处风情，万重烟水"的无限情思，却总是怅叹"便纵有千种风情，更与何人说？"对着深爱的人，他会有"系我一生心，负你千行泪"的深切怜惜，也会有"衣带渐宽终不悔，为伊消得人憔悴"的热烈执着。他同情那些青楼歌女"一生赢得是凄凉，追前事，暗心伤"的悲剧命运。对于自己屡试不第的命运，他唯有"忍把浮名，换了浅斟低唱"的无奈。他一生都在漂泊天涯的路上，不知道哪里是他的归宿："渐霜风凄紧，关河冷落，残照当楼。"人在旅途，他在茫然中咏叹："归云一去无踪迹，何处是前期？"

他的词作在当时流传甚广，时称"凡有井水饮处，即能歌柳词"。柳词具有优美深远的意境、通俗上口的词句和悦耳动听的音律，成为大宋最流行的文化现象。从皇帝、士大夫、文人雅士到市井小民，都无不爱听、爱唱、爱读柳词。对那些瓦肆勾栏里的艺伎歌女、市井街巷的贩夫走卒、洗妇村姑来说，柳词如井水般清明澄澈，滋润着大宋普通市民百姓的心灵。

据说，柳永晚年穷困潦倒，死时一贫如洗，是他生前的红颜知己们合金营葬。死后亦无亲族祭奠，每年逢其忌日和清明节，青楼歌女们都相约赴其坟地祭扫，并相沿成习，称之"吊柳七"或"吊柳会"。此种风俗直到宋高宗南渡之后方止。

正如强盛的大唐因为有了李太白而更富有传奇般的风采，宋朝少了柳永也将会失去不少传奇般的光彩。这位"疏狂一醉解千愁"的才子词人的一生，是夏花般盛放而又凄美的一生。

读他的词，就如读他的心，读他的人。大宋的风花雪月就在这长长短短的文字、疏疏密密的韵脚间，散逸出悠悠不绝的芬芳和魅力。